商業登記の デジタル完結／ 完全オンライン 申請の実践

商業登記電子証明書，マイナンバーカード及び
クラウド型電子署名の導入，署名と検証の実務

司法書士 吉田直矢

日本加除出版株式会社

はしがき

　2020年のコロナ禍以降，押印や書面，対面の非効率な側面が露呈し，デジタル化への取り組みが官民で加速しました。

　商業登記分野においても，それらに呼応し，法改正や通達によって利用できる電子証明書の拡大，証明書発行手数料の引下げ，発行手続きのオンライン化等が矢継ぎ早に実現し，登記申請や周辺業務をデジタルで完結させるための土壌は整えられて，その敷居は随分と下がりました。

　しかしながら，現場では，商業登記の完全オンライン申請の普及には，今ひとつ伸び悩みを感じています。案外，その背景には，その実務を俯瞰・体系化しつつ詳解した書籍やWebサイトがないためではないかとの素朴な疑念が，本書執筆の起点です。振り返れば，私自身，かねてより，商業登記の完全オンライン申請を看板に掲げて実務に注力して参りましたが，寄る辺は，関連法令と法務省Webサイトの方々に点在する新旧の情報の他に乏しく，暗がりの洞窟を手探りで歩んで来たような心持ちでありました。同業者やクライアントから本テーマでの研修依頼と反響も増えてきて，少なくないニーズがあることを推量し，ならばと，その紆余曲折の冒険の記録に松明を立てて一本道にしたのが本書です。

　本書は，商業登記に携わる司法書士・弁護士のみならず，本人申請で登記を行う企業の代表や担当者であっても実践できるよう，複雑な概念は図表で紐解き，署名や検証，申請の手順は操作画面を貼付し，簡明な記載を心掛けました。

　本書が，企業のDXを推進し日本経済を躍進させる一助となり，一方で，司法書士の時間や場所に因われない自由な生き方を実現する一端を担えればと，蝶の羽のわずかな震えが竜巻を起こすような壮大な夢を見て上梓いたします。本書の刊行にあたっては，日本加除出版株式会社の朝比奈耕平氏に多大なご尽力をいただきました。ここに厚く御礼申し上げます。

2023年11月

吉田直矢

1

凡　例

1．本書をお読みいただくに当たって

　掲載された情報は，本書執筆時点（原則 2023 年 11 月 1 日とし，同日以外の場合は本文中に記載）において，筆者が信頼できると判断した情報をもとに細心の注意を払って慎重に作成・加工していますが，会社・個人の個別の事情によるところも少なくありませんので，実践の際は，商業登記の専門家（司法書士・弁護士）や各サービスの窓口にご相談いただくようお願いいたします。

2．法令等

　本書における法令等は，以下の略称を用いました。

会施規	会社法施行規則
番号法	行政手続における特定の個人を識別するための番号の利用等に関する法律
番号法施行令	行政手続における特定の個人を識別するための番号の利用等に関する法律施行令
個人情報保護法	個人情報の保護に関する法律
商登法	商業登記法
商登規	商業登記規則
事務規程	商業登記オンライン申請等事務取扱規程
デジタル手続法	情報通信技術を活用した行政の推進等に関する法律
電子委任状法	電子委任状の普及の促進に関する法律
電子署名法	電子署名及び認証業務に関する法律
電子署名法施行規則	電子署名及び認証業務に関する法律施行規則
指針	電子署名及び認証業務に関する法律に基づく特定認証業務の認定に係る指針

凡　例

公的個人認証法	電子署名等に係る地方公共団体情報システム機構の認証業務に関する法律
公的個人認証法施行令	電子署名等に係る地方公共団体情報システム機構の認証業務に関する法律施行令
手数料令	登記手数料令
犯収法	犯罪による収益の移転防止に関する法律
犯収法施行令	犯罪による収益の移転防止に関する法律施行令
犯収法施行規則	犯罪による収益の移転防止に関する法律施行規則

3．その他

　Adobe，Acrobat，Acrobat ロゴ，Acrobat Reader は，Adobe Systems Incorporated（アドビシステムズ社）の米国並びに他の国における商標又は登録商標です。その他の会社名及び製品名は，それぞれ各社の商号，商標又は登録商標です。

　なお，Adobe Acrobat は，2023 年 3 月より新しいユーザーインターフェイス（UI）がリリースされていますが，本書では各手順につき，ユーザーが慣れ親しんだ旧式の UI を例にして説明しています。Adobe Acrobat を，新しい UI から旧式の UI に戻すには，メニューから「新しい Acrobat を無効にする」を選択します。

目　次

目　次

第Ⅲ部「商業登記完全オンライン申請の実践」

目　次

商業登記完全オンライン申請の概要

完全オンライン申請の定義，その利点と留意点，電子署名・電子証明書の基本知識等，商業登記をデジタル完結するための前提知識・背景を解説します。

1．本書の構成・全体像

第Ⅰ部
「完全オンライン申請の概要」
- その定義，利点と留意点
- 商業登記オンライン申請の制度変遷
- 電子署名，電子証明書の概要

…商業登記の完全オンライン申請（デジタル完結）とは何か，そのメリット・デメリット，電子署名・電子証明書の概要を解説します。

第Ⅱ部
「完全オンライン申請の準備」
- 商業登記利用可の電子証明書
- 導入すべき証明書の検討方法
- 完全オンライン申請の提案方法
- 具体的な手順解説
  ❶商業登記電子証明書⋯⋯⋯⋯43 頁
  （概要／取得／署名／検証）
  ❷マイナンバーカード⋯⋯⋯⋯121 頁
  （概要／取得／署名／検証）
  ❸特定認証業務電子証明書⋯163 頁
  ❹その他(クラウド型電子署名)⋯169 頁

…商業登記で利用できる電子証明書を俯瞰したうえ，各証明書の概要・取得・署名・検証の具体的な方法・手順を，操作画面を交えて解説します（本書のメインコンテンツです）。

第Ⅲ部
「完全オンライン申請の実践」
- 具体的な手順解説
  ❶定款認証⋯⋯⋯⋯⋯⋯⋯⋯⋯187 頁
  ❷商業登記申請⋯⋯⋯⋯⋯⋯⋯200 頁
  ❸印鑑提出（届出）⋯⋯⋯⋯⋯214 頁
  ❹印鑑証明書請求⋯⋯⋯⋯⋯⋯218 頁
  ❺登記事項証明書請求⋯⋯⋯⋯230 頁
  ❻犯収法上の本人確認⋯⋯⋯⋯238 頁

…第Ⅱ部で取得した電子証明書による電子署名を駆使して，商業登記のオンライン申請及びその周辺業務をデジタルで完結させる手順を解説します。

　本書は，商業登記の完全オンライン申請（デジタル完結）について，その概要，準備，実践の三部構成としています。

　第Ⅰ部「商業登記完全オンライン申請の概要」では，商業登記の完全オンライン申請の定義からその利点と留意点，法改正等による昨今の制度変遷，電子署名・電子証明書の概要について記載しています。あくまで実務の理解を深めるための背景知識に寄せた内容であるため，具体的な実務を知りたい場合は，第Ⅱ部から読み進めて支障ありません。

　第Ⅱ部「商業登記完全オンライン申請の準備」では，商業登記をデジタル完結させるために必要となる電子証明書・電子署名サービスの類型を俯瞰し，導入すべき証明書の検討方法，完全オンライン申請の提案方法に触れたうえ，次章以降で各電子証明書の具体的な取得方法から電子署名・署名検証までの手順について，操作画面を交えながら詳解しています。

　第Ⅲ部「商業登記完全オンライン申請の実践」では，第Ⅱ部で解説した電子証明書による電子署名を用いて，登記申請とその周辺業務（定款認証，印鑑提出，印鑑証明書請求等）をオンラインでどのように進めるのか，その具体的な手順を，法務省の申請用総合ソフトを例にして解説しています。

　以上のとおり，本書は，電子証明書の理解・導入の状況に合わせて，段階的に区分した構成としているので，必ずしも全体を通して読む必要はなく，自社（又はクライアント）のニーズに応じた箇所を適宜参照して，ご利用いただけます。

　なお，電子署名・電子証明書の理解が進みにくく混乱を生じる要因として，各所で用語・概念が思い思いの定義で説明されていることや，同じ概念であっても複数の呼び方，定義付けがなされていることが挙げられます。本書ではその点を意識して，図表を交えつつ，用語と概念，定義の結び付きを説明することに努めました。

2．商業登記の完全オンライン申請（デジタル完結）とは

◆書面申請・別送方式・完全オンライン申請のイメージ

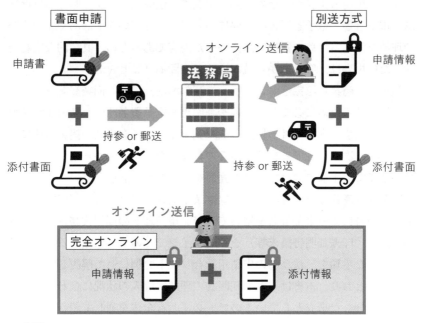

・定義

　本書における「完全オンライン申請」とは，電磁的記録（PDF ファイル等）により作成され，適宜の電子署名が付された商業登記の添付情報[1]（株主総会議事録，取締役会議事録，委任状等）と，同じく電子署名が付された申請情報[1]とを併せてオンラインで管轄法務局に送信し，登記の手続をデジタルで完結させる方式を指します[2]。オンライン申請であっても，添付書面を法務局に持参・郵送する場合は「完全オンライン申請」とはなりません（下記「別送方式」に分類されます）。

　対して，「書面申請」は添付書面と申請書の双方を書面で法務局へ提出する方式を指し，「別送方式」は申請情報をオンラインで送信し，添付書面を持参・郵送で提出する方法を指します（商登規 102 条 2 項ただし書）。

・現状と本書の狙い

　本人申請（会社自身や会社を設立する個人による申請）においては書面申請が，代理申請（司法書士や弁護士による申請）においては別送方式での申請が，多勢を占めています[3]。

　商業登記の完全オンライン申請について，法務省は「制度上はオンラインで完結することが可能であるものの，各種添付書類（取締役会議事録や就任承諾書等）の電子化の状況が十分ではないなどの理由により，オンライン完結が進んでいない現状である」（オンライン利用率引上げに係る基本計画（令和４年６月17日））と分析しています。この「添付書類の電子化」というハードルをクリアして，完全オンライン申請の普及へ貢献することが本書の狙いです。

・本書の射程

　本書は，商業登記の完全オンライン申請と周辺業務について，専門領域とする司法書士が，その概要から準備・実践まで，実務に沿って各プロセスを詳述し，本人申請・代理申請のどちらの場合であっても，書面申請・別送方式から完全オンライン申請への移行を実現することを主たる射程として，構成しています。一方で，商業登記の申請自体を初めて試みる本人・代理人であっても，デジタル完結させるための準備を進められるように，平易・簡潔な記述を心掛けました。

1　申請情報・添付情報：正確には，申請書情報（商登規102条１項）・添付書面情報（同条２項）という表現ですが，本書では分かりやすさを優先して，オンライン申請上の申請書を「申請情報」，添付書面を「添付情報」といいます。

2　法務省HPでは「添付書面情報（定款，発起人の同意書，就任承諾書等）が全て電磁的記録（PDFファイル）により作成され，申請書情報と併せて送信されていること（完全オンライン申請）」と定義されています。

　　法務省「完全オンライン申請による法人設立登記の『24時間以内処理』について」（https://www.moj.go.jp/MINJI/minji06_00006.html）より引用

3　やや古い情報ですが，法務省資料では，2017年11月時点で，商業登記（役員変更登記）の，代理人申請のオンライン申請率（別送方式も含む）は81.9％であるのに対して，本人申請のオンライン申請率はわずか1.1％と示されています（典拠：法務省「規制改革推進会議行政手続部会取りまとめに基づく基本計画について」（https://www.moj.go.jp/hisho/shomu/hisho01_00210.html））。

3．完全オンライン申請（デジタル完結）の価値

◆書面申請（別送方式含む）と完全オンライン申請の作業工程の比較

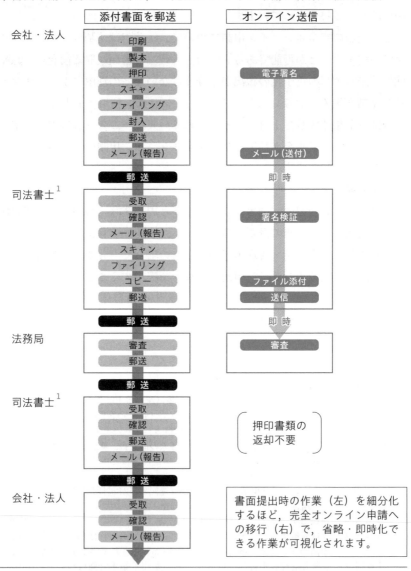

1 代理申請の場合。本人申請の場合は司法書士部分を省いて考えます。

(1) 完全オンライン申請のメリット

　以下，商業登記を完全オンライン申請で進めるメリットを，コスト・スピード・セキュリティ面に分けて整理します。

・コスト

　添付情報をオンラインで送受信するため，各種議事録等の印刷・製本・持参・郵送の費用と手間が浮き，物理的な保管場所を縮小することも可能です。また，印紙税の対象となる文書（定款や合併契約書，吸収分割計画書，新設分割計画書等）は，電子化することで収入印紙代を節約できます。

　設立や役員変更等，急ぎや頻度の高い登記案件において，適宜の電子署名を施せば，多忙な経営陣の印鑑証明書の取得の手間を減らせることも地味ながら重宝される場面が多く見受けられます。

・スピード

　登記の添付書面を郵送する場合と，オンラインで送信する場合との作業工程（代理申請時）の比較が左図です。完全オンライン申請によることで，物理的な作業工程を一挙に省略・即時化し，時短・効率化を図れることを可視化しています。

　作業日数の短縮により，登記申請の日を前倒しできれば，登記完了の日を早めることにもつながります。また，原本還付が不要のため，登記完了後の事務処理を早く終えられます。

　なお，株式会社及び合同会社の設立登記では，完全オンライン申請の場合は，一定条件（役員等5人以内，電子納付，補正なし）の下，24時間以内で処理されるという利点もあります。

・セキュリティ

　完全オンライン申請で進める場合，添付書面の物理的な紛失・汚損を免れることができます。

　また，電子文書はバックアップが容易であるため，定期的に外付けハードディスクやクラウドにデータを複製しておけば，災害・盗難等でオフィスが機能不全となった場合にも，データの完全な消失を免れることができます。

(2) 完全オンライン申請のデメリット

完全オンライン申請はメリット一辺倒ではなく，当然ながらデメリットもあります。

・コスト

電子署名の導入・証明書の発行には，基本的に費用が発生します。また，電子証明書は有効期間の経過後は，再発行の手間と費用もかかります。

また，電子署名等の仕組みの理解と比較検討には相応の手間も生じます（この負荷を可能な限り下げるのが本書の狙いです）。

・スピード

完全オンライン申請の場合，書面提出の場合には押印不要の添付情報にも電子署名が必要となります（商登規 102 条 5 項 2 号）。

また，書面提出の場合，押印不要の添付書面は，法務局において押印の有無の審査はなされませんが，それを添付情報としてオンライン送信する場合，その電子署名の不備（添付情報の作成者と電子署名者が同一か等）は却下事由に当たり（事務規程 7 条），その分，審査に時間がかかる場合があります。

さらに，電子署名は，捨印処理による軽微な修正はできないため，補正の際，修正した書面に電子署名をし直す場合には時間を要します（もっとも補正対象の添付情報を，添付書面として郵送・持参するという手もあります）。

完全オンライン申請では，不具合が発生した際，容易に原因が特定できず，その対応に時間を奪われる場合があり得ます（代理人司法書士としては，不測の事態に備え，書面申請できる体制の整備も肝要です）。

・セキュリティ

完全オンライン申請では，全ての添付情報をファイル形式で送受信し，管理するため，フィッシング詐欺やマルウェア等の不正アクセス，不法侵入者や従業員の持ち出し等によって，個人情報等の漏洩や電子証明書を不正使用のリスクに対して，より適切なセキュリティ対策とバックアップ運用が重要です。

・OS・ソフトウェアは常に最新のものにアップデート

- セキュリティソフトは導入のみならず定期的にスキャンを行う
- 推測されにくい適切なパスワードを設定し，運用する
- 機密ファイルは，ネットワーク環境外の USB メモリ等のみに保存し，金庫等で保管
- 電子証明書の利用者・責任者等を指定し，責任の所在を明確化
- 情報収集を怠らず，セキュリティ上の最新の驚異・手口を把握しておく
- バックアップの対象，取得頻度，保管のルールを定めて運用する　等[2]

◆完全オンライン申請の価値まとめ

メリット	デメリット
コスト • 印刷費の削減 　（機材・トナー・用紙・人件費） • 交通費・郵送費の削減 • 保管費・スペースの削減 • 個人の印鑑証明書の取得が不要	• 電子署名・証明書導入の手間・費用 • 署名検証ツール導入の手間・費用 • 電子署名制度の理解，比較の手間
スピード • 印刷・製本・押印が不要 • スキャン・コピーが不要 • 持参・郵送・原本還付が不要 • 登記完了を即時に把握可 　（別送方式同様）	• 押印不要書類にも電子署名必要 • 電子証明書（再）発行の時間 • 法務局処理の問題，補正時の対応 • 不具合の原因特定と対応
セキュリティ • 紛失・汚損リスクの低減 • バックアップが容易	• 不正アクセス等での流出リスク • なりすまし・改ざんのリスク

> 完全オンライン申請は，本人・代理人双方の業務の大幅な効率化を実現しますが，そのデメリットも把握して対策を立てながら，自社で運用又はクライアントに提案していくことが求められます。

2　参考：IPA（情報処理推進機構）「情報セキュリティ 10 大脅威 2023」

４．（参考）商業登記オンライン申請にまつわる制度変遷

　2020年のコロナ禍への突入以降，官民挙げてデジタル化への急ハンドルが切られるなか，商業登記の完全オンライン申請の敷居がいかに下がったかを時系列で振り返ります。

2020年5月　取締役会議事録に施す電子署名についての法務省見解が新経済連盟に通知
　▶取締役会議事録への電子署名は，リモート型やクラウド型でも有効と公表されました（法務省見解）。
2020年6月　クラウドサイン・GMOサインがオンライン申請で利用可に
　▶商業登記の添付情報にクラウド型の電子署名が初めて許容されました。
同年同月　内閣府・法務省・経済産業省「押印についてのQ&A」公表
　▶契約書類への押印は必須ではなく，文書の成立の真正を証明する手段はメールのやり取りや電子署名によっても可能である旨が明示されました。
2020年7月　政府・経済4団体が書面，押印，対面作業の削減を目指す共同宣言を発表
　▶官民で書面主義・押印原則・対面主義の見直し，デジタル化が進みます。
同年同月　総務省・法務省・経済産業省「電子署名法第2条関係Q&A」公表（19頁）
　▶クラウド型電子署名であっても，電子署名法第2条の電子署名の定義を満たし得ることが明示されました。
2020年9月　総務省・法務省・経済産業省「電子署名法第3条関係Q&A」公表（20頁）
　▶クラウド型電子署名であっても，電子署名法第3条の推定効の働く電子署名の要件を満たし得ることが明示されました。
2020年11月　河野内閣府特命担当大臣記者会見にて，行政が民間に求

める押印手続の 99 ％以上の廃止・認印は全廃する旨を明言

▶脱ハンコの実現，翌年の通常国会での一括法改正へ。

2021 年 2 月　商業登記法・同規則等の改正（令和 3 年 1 月 29 日民商第 10 号通達）

▶印鑑提出の任意化。

▶印鑑提出がオンラインで可能に（214 頁以下）。

▶商業登記電子証明書の発行請求がオンラインで可能に（56 頁以下）。

▶登記申請・印鑑証明書請求等で利用可の電子証明書の拡大。

• 実印に相当する電子証明書として，商業登記電子証明書だけでなく，マイナンバーカード電子証明書及び特定認証業務電子証明書も利用可に。

• 代表者であっても実印不要な書類にはクラウド型電子署名が利用可に。

▶押印規定の見直し（認印が不要に）

• 法令上，押印又は印鑑証明書の添付を要する旨の規定がない書面については，押印の有無について審査を要しないものとされました。

▶オンラインによる定款認証及び設立登記の同時申請の開始

2021 年 4 月　商業登記電子証明書の手数料値下げ

▶ほぼ半額に（有効期間 27 か月の場合 16,900 円→ 9,300 円）。

2023 年 1 月　インターネット版官報がオンライン申請で利用可に

▶官報が添付書面で提出が必要となる組織再編や減資等でも完全オンライン申請が可能に。

2023 年 5 月　Android スマホへのマイナンバーカード機能搭載

▶マイナンバーカード不要，スマホのみでマイナポータル等の利用が可能に。

5. 電子署名・電子証明書の基本

◆アナログとデジタルの対比

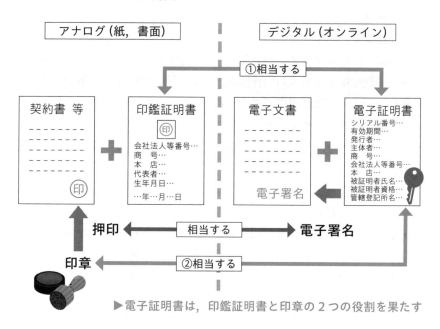

▶電子証明書は，印鑑証明書と印章の2つの役割を果たす

アナログ	デジタル
押印	電子署名
印鑑証明書	電子証明書（公開鍵）
印章	電子証明書（秘密鍵）
印鑑照合	署名検証

・電子署名はなぜ必要か

　デジタル情報によって作成されるデータファイル（電子文書）は，内容の変更や上書きが容易で便利である反面，本人に成りすました第三者がファイルを作成しても見破りにくく，また，ファイル作成後に改ざんしても痕跡が残りにくい点が短所としてあり，そのために取引自体を相手方から否認されるリスクを孕んでいます。

　これらを解決して安全な取引を実現するための手段が電子署名と電子証明書です。電子署名によって本人は自身が作成した痕跡を電子文書に残し，電子証明書によって相手方は本人が作成したことと，電子文書が改ざんされていないことを確認します。アナログの場合に，本人が書面に押印し，相手方が印鑑証明書で印影を照合することで本人性を担保することに相当します。

・アナログ（紙，書面）とデジタル（オンライン）の比較

　アナログ（紙，書面）とデジタル（オンライン）を比較すると，印鑑証明書がデジタル上では電子証明書に，書面への押印は電子文書への電子署名の付与に，書面の印影と印鑑証明書との照合は電子署名の検証に相当するものと考えると理解が捗ります（左上図）。

・電子証明書の 2 つの役割

　なお，電子証明書は，上述のとおり，印鑑証明書の役割を果たしつつ，印章（ハンコ）自体の役割をも果たします（公開鍵暗号基盤）。その場合には，本人が，電子証明書（内の秘密鍵）によって電子文書に電子署名を付与し，相手方が電子証明書（公開鍵入り）によって，本人性を確認します。印鑑証明書と印章（ハンコ）の双方の機能を電子証明書が担っている点が，電子署名と電子証明書の制度理解において混乱しやすい点でもあります。

　公開鍵暗号基盤，公開鍵暗号基盤で用いられる公開鍵暗号方式，公開鍵及び秘密鍵については次頁以降で解説します。

6．電子署名の仕組み（公開鍵暗号方式）

◆公開鍵暗号方式による電子署名と検証イメージ

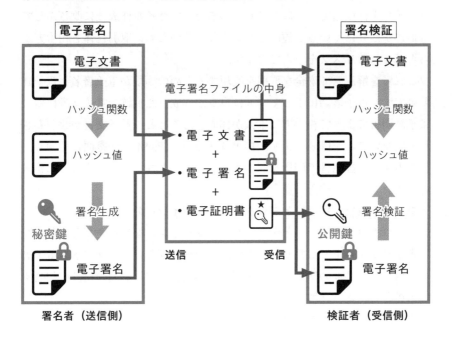

・電子署名の仕組み（公開鍵暗号方式）

　電子署名（デジタル署名）には，「公開鍵暗号方式」という技術が広く利用されています。公開鍵暗号方式は，秘密鍵と公開鍵という2つの異なる鍵の1組（鍵ペア）を使用する暗号の技術を指します。

　秘密鍵と公開鍵の性質として，お互いにその値が全く異なり，一方の公開鍵で暗号化したものは，他方の秘密鍵でなければ復号（解読）ができず（暗号化と復号），一方の秘密鍵で署名したものは，他方の公開鍵でなければ検証ができません（署名と検証）。加えて，一方の鍵から他方の鍵を割り出すことは著しく困難であるという性質を持ちます。これらの性質を生かして電子署名は実現されます。

・電子署名と検証の流れ（公開鍵暗号方式）

　本人（署名者）は，秘密鍵と公開鍵のペアを作成したうえ，このうち秘密鍵を使用して電子文書（をハッシュ関数でハッシュ値に変換したもの）に電子署名を行い（署名生成），元の電子文書と電子署名，公開鍵入りの電子証明書が一体化したファイルを，相手方へ送信します。

　相手方（検証者）は，秘密鍵で署名された電子文書を公開鍵で検証します。検証が正常に行われれば，公開鍵とペアになっている秘密鍵によって電子署名が行われたことが分かります（本人性の確認）。また，検証によって，元の文書（をハッシュ関数でハッシュ値に変換したもの）と電子署名された文書（を公開鍵でハッシュ値に変換したもの）との比較一致によって改ざんされていないことを確認します（非改ざん性の確認）。

・電子署名をしたのは，どこの誰か

　しかしながら，秘密鍵での署名生成と公開鍵での検証だけでは，公開鍵の持ち主の身元を特定することができず，安全な取引の実現としては不完全です。というのも，秘密鍵で電子署名した者の身元が第三者に客観的に保証されていないためです。さながら，面前で，相手方から書面に認印で押印されても，その相手方が誰なのかを特定できない状態です。

　この課題を解決し，公開鍵の持ち主の身元を第三者が保証するものが，認証局が発行する電子証明書であり，その保証のための仕組みが次節で解説する公開鍵暗号基盤（PKI：Public Key Infrastructure）です。

7．電子証明書の役割（公開鍵暗号基盤）

◆公開鍵暗号基盤のイメージ

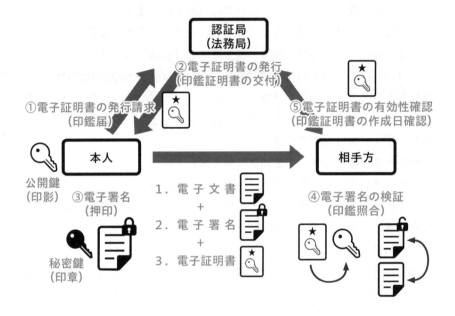

※（　　）内はアナログに置き換えた場合の例え

法務省「〈資料2〉認証機関を利用した電子署名の利用形態」より作成
（https://www.moj.go.jp/ONLINE/CERTIFICATION/GUIDE/refer02.html）

• 電子証明書の役割（公開鍵暗号基盤）

　電子取引における電子証明書は，書面取引における印鑑証明書と同等の役割を果たすものです。印鑑証明書が本人の印章による印影であることを法務局や市区町村が保証するように，電子証明書は本人の公開鍵であることを認証局が保証します。

• 電子署名と検証の流れ（公開鍵暗号基盤）

　公開鍵暗号基盤の仕組みにおいては，電子証明書の発行を受けたい者は，秘密鍵と公開鍵のペアを作成したうえ，認証局と呼ばれる信頼できる機関に対して公開鍵の届け出を行います（①）。認証局は，その者の本人確認を行ったうえで，公開鍵の持ち主であることを保証する電子証明書をその者に発行します（②）。認証局から電子証明書の発行を受けた者は，電子文書に秘密鍵を利用して署名します（③）。署名者（本人）は，元の文書とこの電子署名に加えて，公開鍵入り電子証明書が一体化したファイルを相手方に送信します。

　相手方は，電子証明書から公開鍵を取り出し，署名の検証を行います（④）。この電子証明書には公開鍵の持ち主が認証局により証明されていますので，公開鍵の持ち主によって秘密鍵で文書が電子署名されたことを確認することができます（同一性の確認）。署名検証は，書面においては文書の印影と印鑑証明書の印影との照合に相当します。

　書面取引で用いられる印鑑証明書が古いものでは信用されず作成期限を付されることがあることと同様に，電子証明書も発行後いつまでも信用できるわけではありません。あくまで電子証明書による証明は，発行時点における公開鍵の持ち主を証明したものであるからです。そのため，電子証明書を受け取った相手方は，認証局に対して，証明された内容が現在も有効かどうか確認を行うことが可能です。これを電子証明書の有効性確認と呼びます（⑤）。

8．電子署名法（定義・推定効）

・電子署名法とは

「電子署名及び認証業務に関する法律」（電子署名法）は，2001年4月1日に施行された法律です。当時まで電子署名の法的な取扱いが不明瞭であったため，手書き署名や押印と同等に通用する法的基盤を整備すべく制定されました。

同法では，電子署名の定義が定められており，そのうち一定の要件を満たす電子署名について，推定効（真正に成立したものと推定される効果）が働く旨が規定されています。

・定義（電子署名法第2条）

電子署名（電子署名法上）の定義は以下のとおり定められています。

（定義）

第二条 この法律において「電子署名」とは，電磁的記録（電子的方式，磁気的方式その他人の知覚によっては認識することができない方式で作られる記録であって，電子計算機による情報処理の用に供されるものをいう。以下同じ。）に記録することができる情報について行われる措置であって，次の要件のいずれにも該当するものをいう。

一　当該情報が**当該措置を行った者**の作成に係るものであることを示すためのものであること。 ……………………………（本人性の確認）

二　当該情報について改変が行われていないかどうかを確認することができるものであること ………………………（非改ざん性の確認）

電子署名の定義として，①電子文書ファイルに付された電子署名データの作成者を表示する機能（本人性の確認）と②改ざんを検知する機能（非改ざん性の確認）が求められていると解することができます。

電子文書（PDFファイル等）の欠点は，作成者が曖昧（なりすまし・否認のリスク）で，改ざんが容易でその有無が不明確という点にあり，その欠点を補い，誰が作成したかと改ざんの有無を確認できる技術が，電子署名と定義されています。

　①については，一見，利用者自身が電子署名を付与する当事者型電子署名のみしか当てはまらない要件にもみえますが，総務省，法務省，経済産業省「電子署名法第2条関係Q&A」（2020年7月17日）によって，クラウド型電子署名（本人ではなく電子署名サービス事業者が署名を行うタイプ）の本人性要件の該当性について，以下の政府見解が示されています。

「当該措置を行った者」について，
［1］技術的・機能的に見て，サービス提供事業者の意思が介在する余地がなく，
［2］利用者の意思のみに基づいて機械的に暗号化されたものであることが担保されていると認められる場合

であれば，「当該措置を行った者」は，サービス提供事業者による署名の場合でもその利用者と評価し得るとされ，

「当該情報が当該措置を行った者の作成に係るものであることを示すためのものであること。」（電子署名法2条1項1号）については，

　例えば，サービス提供事業者に対して電子文書の送信を行った利用者やその日時等の情報を付随情報として確認することができるものになっているなど，当該電子文書に付された当該情報を含めての全体を1つの措置と捉え直すことよって，電子文書について行われた当該措置が利用者の意思に基づいていることが明らかになる場合には，これらを全体として1つの措置と捉え直すことにより，「当該措置を行った者（＝当該利用者）の作成に係るものであることを示すためのものであること」という要件（電子署名法第2条第1項第1号）を満たすことになるものと考えられる。

クラウド型電子署名では，署名パネル上では署名した者は電子署名サービス事業者名と表示されるため，一見，同法2条1項1号の要件を満たすことはできませんが，署名パネルの付随情報で利用者の指示（メール認証等）であることは示されるため，その指示も含めて全体で判断する趣旨が示されました。

・推定効（電子署名法第3条）

電子署名（電子署名法上）の推定効の要件は以下のとおり定められています。

> 第三条 電磁的記録であって情報を表すために作成されたもの（公務員が職務上作成したものを除く。）は，当該電磁的記録に記録された情報について**本人による電子署名（これを行うために必要な符号及び物件を適正に管理することにより，本人だけが行うことができることとなるものに限る。）**が行われているときは，真正に成立したものと推定する。

電子署名法2条と同様に，本要件につき，当事者型電子署名だけでなく，クラウド型電子署名であっても満たしうるかについて，総務省，法務省，経済産業省「電子署名法第3条関係Q&A」（2020年9月4日）によって，肯定的な見解が示されました。同法3条Q&Aでは，上記要件を以下の3つに分解しています。

> ①同法2条に規定する電子署名（本人性／非改ざん性）に該当すること
> ②当該電子署名（サービス）が同法3条括弧書の「固有性の要件」を満たすこと
> ③当該電子署名が本人（電子文書の作成名義人）の意思に基づき行われたものであること

②の「固有性の要件」（暗号化等の措置を行うための符号（事業者の署名鍵や利用者のパスワード）については，他人が容易に同一のものを作成することができないと認められること）とは，以下のいずれにおいても十分な水準の固有性が満たされることを指すとしています。

［1］利用者とサービス提供事業者の間で行われるプロセス
　（例）2要素認証（メールアドレス及びパスワード入力に加えて，スマホへのSMS送信やトークン利用等）を受けなければ措置を行うこと

　ができない仕組み

［２］利用者の行為を受けてサービス提供事業者内部で行われるプロセス
　　（例）暗号の強度や利用者毎の個別性を担保する仕組み（例えばシステ
　　　ム処理が当該利用者に紐付いて適切に行われること）

　上記の要件①②③のすべてを満たす限り，クラウド型電子署名でも同法
３条の推定効が認められ得るものとされ，反対に，当事者型電子署名でも
本要件を満たさなければ推定効が認められないとの政府見解が明らかにな
りました。なお，同法３条の該当性の判断は，個別事案における具体的事
情を踏まえ裁判所に委ねられると留保されています。

　補足として，のちの規制改革推進会議[1]（2020 年 11 月）において，②
「固有性の要件」［１］の２要素認証はあくまで例示であること（同レベル
かそれ以上の固有性を満たすための措置であってもよい）点と，同一性の
確認（利用者の身元確認）は③電子文書作成名義人の意思に基づき電子署
名が行われたことを担保する一手段であって必須の要件ではない点が，三
省（総務省，法務省，経済産業省）によって示されています。

1　規制改革会推進会議第３回デジタルガバメント　ワーキング・グループ（2020 年 11
　月 17 日）資料３-２-１「論点に対する回答（総務省・法務省・経済産業省提出資
　料）」（https://www8.cao.go.jp/kisei-kaikaku/kisei/meeting/wg/digital/20201117/agenda.
　html）

9．電子署名法（認証，特定認証，認定認証）[1]

| | **Ⅰ 電子署名法上の電子署名** |

（電子署名法 2 条 1 項　定義）
「電子署名」とは，電磁的記録に記録することができる情報について行われる措置であって，次の要件のいずれにも該当するものをいう。
一　当該情報が**当該措置を行った者**の作成に係るものであることを示すためのものであること。
二　当該情報について**改変が行われていないかどうかを確認**することができるものであること。

Ⅱ 認証業務

技術的基準をクリア

（電子署名法 2 条 2 項　認証業務）
「認証業務」とは，自らが行う電子署名についてその業務を利用する者（以下「利用者」という。）その他の者の求めに応じ，当該利用者が電子署名を行ったものであることを確認するために用いられる事項が当該利用者に係るものであることを証明する業務をいう。

Ⅲ 特定認証業務

主務大臣の認定

（電子署名法 2 条 3 項　特定認証業務）
「特定認証業務」とは，電子署名のうち，その方式に応じて本人だけが行うことができるものとして主務省令で定める基準に適合するものについて行われる認証業務をいう。

Ⅳ 認定認証業務

法務大臣の定めるもの

（電子署名法 4 条 1 項　認定）
特定認証業務を行おうとする者は，主務大臣の認定を受けることができる。

（電子署名法 6 条 1 項　認定の基準）
❶業務の用に供する設備の基準（規則 4 条）
❷利用者の真偽の確認の方法（規則 5 条）
❸その他の業務の方法（規則 6 条）

Ⅴ 認定認証業務
（商業登記で利用可の"特定認証業務電子証明書"）

（商業登記規則 102 条 3 項 3 号　商業登記）
申請人等（委任による代理人を除く。）が登記の申請をする場合において，申請書情報を送信するときは，当該申請人等が第一項に規定する措置を講じたものであることを確認するために必要な事項を証する情報であつて次のいずれかに該当するものを併せて送信しなければならない。

三　電子署名法 8 条に規定する認定認証事業者（電子署名法 4 条 1 項の認定を受けた者）が作成した電子証明書（電子署名法施行規則 4 条 1 号に規定する電子証明書をいう。）その他の電子証明書であつて，氏名，住所，出生の年月日その他の事項により当該措置を講じた者を確認することができるものとして法務大臣の定めるもの

電子署名法は，前節でみた電子署名の定義・推定効のほか，認証事業者（公開鍵暗号基盤においては認証局を指します）の認定制度を，本人確認等の信頼性を判断する目安として設けています。

認証事業者が行う認証業務（公開鍵暗号基盤においては公開鍵入り電子証明書を発行すること）は，五段階に分けると理解が進みやすいです。まず，第一段階として，電子署名法上のⅠ電子署名があり，第二段階として，公開鍵暗号基盤の元，本人確認等を行い電子証明書を発行する業務をⅡ認証業務とし（同法２条２項），Ⅱのうち技術的基準の要件をクリアしたものをⅢ特定認証業務とし（同法２条３項，同法施行規則２条，指針３条），Ⅲのうち設備・業務方法の基準をクリアして主務大臣の認定を受けたものをⅣ認定認証業務とし，Ⅳのうち一定要件を満たし法務大臣の定めるものが商業登記で利用可のⅤ特定認証業務電子証明書という建付けです（左図）。

Ⅲ特定認証業務の事業者が，主務大臣の認定を受けてⅣ認定認証事業者になるかどうかは任意です。なお，新規でⅣ認定認証事業者となるためには調査手数料が必要で，毎年の更新調査でも 400 ～ 500 万円の手数料がかかります。くわえて，Ⅳ認定認証事業者にならずとも，電子署名法３条の要件を満たせば，書面に実印相当の推定効を得ることは可能です（逆に，認定認証事業者の電子署名サービスであれば推定効を必ず得られるわけでもありません）。

以上の理由のためか，本書執筆時点（2023 年 11 月 1 日）でⅣ認定認証事業者は 10 社しかありません（2020 年のコロナ禍以降も１社増えたのみ）。

1　参考：一般財団法人日本情報経済社会推進協会「電子署名法と認定認証業務についてのFAQ」（https://www.jipdec.or.jp/project/designated-investigative-organization/faq/e-signature-law-and-regulations.html）

10. 電子署名（当事者型・事業者型）

◆当事者型（ローカル・リモート）と事業者型（クラウド）の電子署名

当事者型		事業者型（立会人型）
ローカル型	リモート型	クラウド型

当事者がローカル環境（PC内・ICカード等）の電子証明書で電子署名	当事者がリモート環境（サーバー上）にある電子証明書で電子署名	事業者がクラウド上にある電子証明書で電子署名（当事者の指示）
• 商業登記電子証明書 • マイナンバーカード • 特定認証業務電子証明書	• その他（法務省HP）に区分される電子署名サービス	

　電子署名は，誰の鍵（秘密鍵）を用いるか，鍵がどこに保管されるかで大きく3つに区分されます。

• 当事者型（ローカル型）

　当事者が，自身の端末（PCやICカード内）に保管される自身の鍵で署名します。当事者の身元確認が行われたうえで鍵は発行されます。当事者の手元の機器や環境に鍵があることから，次のリモート型との対比でローカル型と呼ばれます。

　商業登記電子証明書，マイナンバーカード電子証明書及び特定認証業務電子証明書による電子署名は，原則として，本類型に該当します。

• 当事者型（リモート型）

　当事者の指示に基づき，事業者のサーバー上に保管される自身の鍵で署名が行われます。当事者の身元確認が行われたうえで鍵は発行されます。

ネットワーク環境があれば，鍵を遠隔から利用できる形態であるため，リモート型と呼ばれます。

ローカル型と比して，IC カードの紛失等のリスクがなく，場所や端末を選ばずに利用できるというメリットがあります。一方で，ローカル型と共通して，デメリットに，当事者全員（例えば，契約書なら自身だけでなく相手方も，取締役会議事録ならば取締役と監査役全員）の電子証明書の取得の手間と費用があります。

• 事業者型（クラウド型，立会人型）

当事者の指示に基づき，事業者が，クラウド上に保管される事業者の鍵で署名します。クラウド上で署名されるため「クラウド型」，事業者が署名するため「事業者型」，利用者の立会人のように事業者が署名するため「立会人型[1]」，と複数の呼称があります。本書では，サービス内容のイメージと通底する「クラウド型」と呼びます。

商業登記で利用できる電子署名サービス（商登規 102 条 5 項 2 号）の多くはこの類型です。弁護士ドットコム社の「クラウドサイン」，GMO グローバルサイン HD 社の「電子印鑑 GMO サイン」，ドキュサイン・ジャパン社の「DocuSign（EU advanced 方式）」等が挙げられます。

なお，株式会社リーガルの「RSS-SR」（クラウド上で商業登記電子証明書・マイナンバーカードによる電子署名の付与が可能なサービス。後述 103 頁）や「クラウドサイン」のマイナンバーカード署名機能のように，当事者型（ローカル型）と事業者型（クラウド型）の利点を組み合わせたハイブリッドなサービスも登場してきています。

---

1 Adobe Acrobat では，当事者型電子署名を「デジタル署名」，立会人型電子署名を「電子サイン」と呼んで区分しています。

═ 第Ⅰ部 ═ **第Ⅱ部** ═ 第Ⅲ部 ═

商業登記完全オンライン申請の準備

序　概要

Ⅰ　商業登記電子証明書

Ⅱ　マイナンバーカード

Ⅲ　特定認証業務電子証明書

Ⅳ　その他（クラウド型電子署名）

第Ⅱ部では，商業登記で利用できる電子証明書を俯瞰し，各証明書の
概要と，取得・署名・検証の具体的な方法・手順を解説します。
まずは，序の概要で，電子証明書の類型と，導入すべき証明書の検討
方法，完全オンライン申請の提案方法を紹介します。

1．商業登記オンライン申請に利用可の電子証明書の類型

◆商業登記オンライン申請で利用できる電子証明書

	商業登記（本人申請）			商業登記（代理申請）			
	申請情報	添付情報		申請情報	添付情報		
		（実印要）	（実印不要）		（委任状）	（実印要）	（実印不要）
(1)商業登記電子証明書 （≒会社実印・個人実印相当）	○	○	○	○	○	○	○
(2)マイナンバーカード （≒会社実印・個人実印相当）	○	○	○	○	○	○	○
(3)特定認証業務電子証明書[*1] • セコムパスポート for G-ID （≒会社実印・個人実印相当）	○[*2]	○	○	○	○[*2]	○	○
• e-Probatio PS2 • TDB 電子認証サービス TypeA • AOSign サービス G2 • DIACERT（PLUS）サービス	×	○	○	○	×	○	○
(4)その他（≒認印相当） • クラウドサイン • 電子印鑑 GMO サイン • ドキュサイン（EU Advanced）等	×	×	○	×	×	×	○
(5)官職証明書（嘱託登記等で利用）	―	―	―	―	―	―	―
(6)指定公証人電子証明書 （電子定款認証等で公証人が利用）	―	―	―	―	―	―	―

[*1]　氏名及び住所を確認することができるものに限る。
[*2]　氏名，住所，出生年月日を確認することができるものに限る。

補足

本人申請…会社・法人自らが登記申請を行う場合 **代理申請**…司法書士・弁護士が会社・法人の代理で登記申請を行う場合 **申請情報**…補正情報・取下書情報も含む **実 印 要**…書面提出の場合に会社実印又は個人実印の押印が必要な添付情報（例：取締役会非設 　　　　　　置会社の新任取締役の就任承諾書等） **実印不要**…上記以外の添付情報（例：株主リスト，払込みがあったことを証する書面等）

　商業登記のオンライン申請で利用できる電子証明書（商登規 102 条）は，(1)から(6)に区分されます（左表）。このうち，会社・法人（の代表者や役員等）が電子署名に利用できる電子証明書は，(1)から(4)に当たります。(5)は国・地方自治体が，(6)は公証人が電子署名を行う際に利用されます。電子署名の付与は，申請情報は申請人（代表者）又は代理人，添付情報（委任状含む）は作成権限者（例：取締役会議事録→出席役員，委任状→代表者）が行います。

　なお，商登規 102 条では，送信しなければならない電子証明書として(1)から(6)が定められていますが，電子証明書のファイルそのもの（.p12 ファイル等）を申請情報に添付する必要はなく，適切に電子署名が付された添付情報と申請情報を送信すれば足ります（電子署名された PDF ファイル等には電子証明書が含まれているため。前述 15 頁）。

　また，左表のとおり，(1)から(4)の電子証明書が，全ての申請情報・添付情報の電子署名に利用できるわけではない点に注意ください。

　ちなみに，(1)から(6)の電子証明書は，書面申請時に，添付書面を電磁的記録媒体（CD-R 等）で提出する場合の電磁的記録（PDF ファイル）への電子署名にも利用が可能です（商登法 19 条の 2，商登規 36 条）。

　以下，それぞれの特徴です。

(1) 商業登記電子証明書

　会社・法人の代表者に対して，管轄の法務局で発行される電子証明書（商登規 33 条の 8 第 2 項）を指します。**商業登記上，会社実印かつ個人実印相当の役割を果たし，申請情報・添付情報（登記委任状含む）への電子署名に利用できます。**

　従来，本人申請時の申請情報や代表者作成の添付情報への電子署名は(1)の利用に限られていましたが，2021 年 2 月 15 日の商業登記規則等改正（以下，本章では「2021 年改正」といいます）により，以下の(2)や(3)の一部の利用によることも許容されるようになり，その地位は相対的には下がりました。

　なお，本書では，紙幅に応じて商登証と略記しています。

(2) 公的個人認証サービス電子証明書

マイナンバーカードに格納されている署名用電子証明書（公的個人認証法3条1項）を指します。(1)と同様，商業登記上，会社実印かつ個人実印の役割を果たし，申請情報・添付情報（登記委任状含む）への電子署名に利用できます。

取扱いが書面上の個人実印とは異なり，会社実印相当の役割も果たします（従来は，個人実印のみに相当する取扱いでしたが，2021年改正により変更）。

なお，本書では，イメージを喚起しやすいように，当該電子証明書をマイナンバーカード電子証明書と表現します。ただし，文意で明確な場合は，文面の冗長さを避けるべく，マイナンバーカード（又はマイナカード）と略記しています。

(3) 特定認証業務電子証明書

主務大臣の認定を受けた認定認証事業者（電子署名法4条1項，8条）が発行する電子証明書（電子署名法施行規則4条1号）のうち，氏名，住所，出生の年月日その他の事項により当該措置を講じた者を確認することができるものとして法務大臣の定める電子証明書（商登規102条3項3号）を指します。

(1)(2)と同様，(3)のうちセコムパスポート for G-ID は，商業登記上，会社実印かつ個人実印の役割を果たし，申請情報・添付情報（登記委任状含む）への電子署名に利用できます（(2)と同じく，従来は，個人実印のみに相当する取扱いでしたが，2021年改正により変更）。

セコムパスポート for G-ID 以外の(3)は，申請情報（代理申請時のみ）と添付情報（登記委任状を除く）に利用できます。

なお，本書では，紙幅に応じて特認証と略記しています。

(4) その他

(1)(2)(3)に準ずるものとして法務大臣の定めるもの（商登規102条5項2

号）を指します。クラウド型（事業者型・立会人型）やリモート型の電子署名の一部がこれに当たります。(3)と比べ，多数の電子署名サービス及び電子証明書が認定されており（次頁表），認定されるたびに以下法務省HP が更新されます。

法務省「商業・法人登記のオンライン申請について」
（https://www.moj.go.jp/MINJI/minji60.html）

　商業登記上，従来の認印のような役割を果たし，法令上，押印又は印鑑証明書の添付を要する旨の規定がない添付情報への電子署名にのみ利用できます。以前は，代表者以外の者の電子署名にしか利用できませんでしたが，2021 年改正により，代表者であっても本類型の電子署名を利用できるようになっています。

　押印規定の見直し（令和 3 年 1 月 29 日法務省民商第 10 号通達）により，法令上，押印又は印鑑証明書の添付を要する旨の規定がない書面は，登記上認印が不要となったため（審査を要しない），「従来の認印」と表現しています。

(5) 官職証明書

　政府認証基盤（GPKI）又は地方公共団体組織認証基盤（LGPKI）が発行する電子証明書です。申請人が官庁の場合（嘱託登記）や官庁から取得した電子文書を登記申請に用いる際に必要となります。

(6) 指定公証人電子証明書

　法務局が指定公証人に発行する電子証明書（指定公証人の行う電磁的記録に関する事務に関する省令 3 条 1 項）を指します。

　電磁的記録の認証（株式会社等の定款認証等）を受けた際の，電磁的記録には当該電子証明書による電子署名が付与されます。オンラインでの定款認証手続は後述します（190 頁以下）。

第Ⅱ部　完全オンライン申請の準備

◆商業登記利用可（⑷その他）の電子署名一覧（≒認印相当）

No.	サービス名（サービス事業者名）	電子証明書（発行者）
1	インターネット版官報 （独立行政法人国立印刷局）	SECOM Passport for Member PUB CA8 （セコムトラストシステムズ株式会社）
2	かんたん電子契約 for クラウド （セイコーソリューションズ株式会社）	GlobalSign GCC R6（又は R45）AATL CA 2020 （GMO グローバルサイン株式会社）
3	クラウド契約管理 Sign （ラディックス株式会社）	GlobalSign GCC R6 AATL CA 2020/GlobalSign CA 3 for AATL（GMO グローバルサイン株式会社）
4	クラウドサイン （弁護士ドットコム株式会社）	Cybertrust iTrust Signature Certification Authority （サイバートラスト株式会社）
5	シムワーク （株式会社フォーバルカエルワーク）	Cybertrust iTrust Signature Certification Authority （サイバートラスト株式会社）
6	ジンジャーサイン （jinjer 株式会社）	Cybertrust iTrust Signature Certification Authority （サイバートラスト株式会社）
7	セコムあんしんエコ文書サービス （セコムトラストシステムズ株式会社）	SECOM Passport for Member PUB CA4 （セコムトラストシステムズ株式会社）
8	セコム議事録電子化サービス （セコムトラストシステムズ株式会社）	SECOM Passport for Member PUB CA4 （セコムトラストシステムズ株式会社）
9	電子印鑑 GMO サイン （GMO グローバルサイン・ホールディングス株式会社）	GlobalSign CA 2（又は CA 6）for AATL GlobalSign GCC R6（又は R45）AATL CA 2020 （GMO グローバルサイン株式会社）
10	電子取引サービス@ Sign （三菱電機インフォメーションネットワーク株式会社）	GlobalSign GCC R6 AATL CA 2020 （GMO グローバルサイン株式会社）
		Enterprise Premium Public CA （三菱電機インフォメーションネットワーク株式会社）
11	ベクターサイン （株式会社ベクター）	GlobalSign GCC R6（又は R45）AATL CA 2020 （GMO グローバルサイン株式会社）
12	マネーフォワード クラウド契約 （株式会社マネーフォワード）	SECOM Passport for Member PUB CA4 （セコムトラストシステムズ株式会社）
13	みんなの電子署名 （株式会社ベクター）	GlobalSign GCC R6（又は R45）AATL CA 2020 （GMO グローバルサイン株式会社）
14	リーテックスデジタル契約 （リーテックス株式会社）	DIACERT Service （三菱電機インフォメーションネットワーク株式会社）
15	Adobe Sign （アドビ株式会社） Adobe Acrobat Sign （アドビ株式会社）	Intesi Group Advanced Cloud Signature CA （INTESI GROUP S.p.A）*Adobe Sign のみ GlobalSign GCC R6 AATL CA 2020 （GMO グローバルサイン株式会社）
16	BtoB プラットフォーム契約書 （株式会社インフォマート）	Cybertrust iTrust Signature Certification Authority （サイバートラスト株式会社）
17	CM サイン （CM.com Japan 株式会社）	GlobalSign Atlas R45 AATL CA 2020 （GMO グローバルサイン株式会社）
18	CONTRACTHUB@absonne （日鉄ソリューションズ株式会社）	JCAN Public CA1-G4 （GMO グローバルサイン株式会社）
		NSSOL e-Contract-CA-G1 （日鉄ソリューションズ株式会社）
		SECOM Passport for Member PUB CA7 （セコムトラストシステムズ株式会社）

No.	サービス名（サービス事業者名）	電子証明書（発行者）
19	ContractS CLM （ContractS 株式会社）	Cybertrust iTrust Signature Certification Authority （サイバートラスト株式会社）
		GlobalSign GCC R6 AATL CA 2020 （GMO グローバルサイン株式会社）
20	DagreeX （都築電気株式会社）	Cybertrust iTrust Signature Certification Authority （サイバートラスト株式会社）
21	Digital Sign （株式会社デジタルサイン）	Cybertrust iTrust Signature Certification Authority （サイバートラスト株式会社）
22	DX-Sign （株式会社クロスベイター）	Cybertrust iTrust Signature Certification Authority （サイバートラスト株式会社）
23	EU Advanced （ドキュサイン・ジャパン株式会社）	DocuSign Cloud Signing CA-SI1 （ドキュサイン・ジャパン株式会社）
24	Governance Cloud （ガバナンスクラウド株式会社）	Cybertrust iTrust Signature Certification Authority （サイバートラスト株式会社）
25	Great Sign （株式会社 TREASURY）	Cybertrust iTrust Signature Certification Authority （サイバートラスト株式会社）
26	Nasdaq Boardvantage （Nasdaq テクノロジー株式会社）	GlobalSign GCC R6 AATL CA 2020 （GMO グローバルサイン株式会社）
27	freee サイン （フリーサイン株式会社）	Cybertrust iTrust Signature Certification Authority （サイバートラスト株式会社）
28	OneSpan Sign （OneSpan 株式会社）	GlobalSign CA 3 for AATL/GlobalSign GCC R6 AATL CA 2020（GMO グローバルサイン株式会社）
29	paperlogic 電子契約 （ペーパーロジック株式会社）	Nippon RA Certification Authority 4 （日本 RA 株式会社）
		JCAN Public CA1-G4 （GMO グローバルサイン株式会社）
30	SATSIGN （アイテック阪急阪神株式会社）	Cybertrust iTrust Signature Certification Authority （サイバートラスト株式会社）
31	Shachihata Cloud （シヤチハタ株式会社）	Cybertrust iTrust Signature Certification Authority （サイバートラスト株式会社）
32	SignTime （サインタイム株式会社）	Cybertrust iTrust Signature Certification Authority （サイバートラスト株式会社）
33	Venus Sign （株式会社シフト）	Cybertrust iTrust Signature Certification Authority （サイバートラスト株式会社）
34	WAN-Sign （株式会社ワンビシアーカイブズ）	GlobalSign CA 2 for AATL GlobalSign GCC R6（又は R45）AATL CA 2020 （GMO グローバルサイン株式会社）

法務省「商業・法人登記のオンライン申請について」より作成
（https://www.moj.go.jp/MINJI/minji60.html（2023 年 11 月 1 日時点））
※一覧の情報（サービス名・電子証明書名・発行者名称等）は随時更新されるため，最新
　情報は上記 URL の法務省 Web サイトにて確認ください。

第Ⅱ部　完全オンライン申請の準備

2．Q&A（商業登記で利用可の電子署名・電子証明書）

Q1 法務省指定の電子署名サービスであれば登記利用できるのか

法務省 Web サイトにて指定される(4)その他に分類される電子署名の「サービス名（サービス事業者名）」さえ一致すれば（前頁表参照），商業登記のオンライン申請で利用できると考えてよいですか。

A1

電子署名の「サービス名（サービス事業者名）」だけでなく「電子証明書（発行者）」も一致している必要があります。

電子署名のサービスによっては，電子証明書の種類を複数から選択できるため（Adobe Sign や DocuSign 等），その場合，法務省「商業・法人登記のオンライン申請について」（https://www.moj.go.jp/MINJI/minji60.html）上で指定されている証明書を選択する必要があります（オプション加入等が必要な場合もあります）。

なお，電子署名されたファイルの電子証明書の名称は，署名検証により確認が可能です（署名のプロパティから証明書を表示して確認）。

Q2 クラウド型電子署名のみで完全オンライン申請は可能か

(4)その他に分類される電子署名サービスのいずれかを導入してさえいれば，商業登記をデジタルで完結することは可能でしょうか。

A2

現状では不可です。本人申請，代理申請のいずれの場合でも，代表者に関しての商業登記電子証明書かマイナンバーカード電子証明書，特定認証業務電子証明書のいずれかの取得が少なくとも必要です。

Q3　**取締役会議事録はクラウド型電子署名のみで足りるか**

取締役会議事録への電子署名は，(4)その他に分類される電子署名サービス（クラウド型電子署名等）のみで足りるのでしょうか。

A3

代表取締役選定にかかる取締役会議事録でなければ，出席役員による(4)その他に分類される電子署名のみで足ります。

一方，代表取締役選定にかかる取締役会議事録である場合には，変更（再任）前の代表者以外（又は含む）の出席役員が，(4)その他に分類される電子署名のうえ，変更（再任）前の代表者が(1)(2)(3)のいずれかで追加で電子署名を付与する必要があります。

取締役会の議題	代表者（変更・再任前）	出席役員
代表取締役選定あり	(1)(2)(3)のみ可	(2)(3)(4)可
〃　　　なし	(1)(2)(3)(4)全て可	(2)(3)(4)可

(1)商業登記電子証明書　(2)マイナンバーカード電子証明書　(3)特定認証業務電子証明書
(4)その他（クラウド型電子署名）

Q4　**インターネット版官報はオンライン申請で利用できるか**

商業登記申請上，官報を添付書面として提出する必要がある場合に，インターネット版官報を添付情報として送信することは可能ですか。

A4

可能です。2023年1月27日以降，官報（紙）の代わりにインターネット版官報（PDFファイル）を添付情報として利用が可能になりました。インターネット版官報は，国立印刷局HP（https://kanpou.npb.go.jp/）からダウンロードします。

なお，インターネット版官報には，国立印刷局（電子文書の作成名義人）による電子署名が付与されているため，本人や代理人が重ねて電子署名を付与する必要はありません（ダウンロード後，署名検証して申請情報に添付すれば足ります）。

3．いずれの電子証明書を導入するか

◆商業登記電子証明書とマイナンバーカードの比較

	商業登記電子証明書	マイナンバーカード（署名用電子証明書）
費用	1,300 円～ 9,300 円	無料
期間	3 か月～ 27 か月	5 回目の誕生日まで（5 年超）
取得方法	オンライン・郵送で可	窓口訪問
取得期間	即日可	1 か月程度
証明対象	会社・法人の代表者	個人
証明書	ファイルタイプ	カードタイプ
複製	簡単	不可
本店移転*	失効する	失効しない
住所変更*	失効しない	失効する
認証要素	記憶（パスワード）	記憶（パスワード）＋所持（カード）
電子署名	しやすい（PDF ソフトのみで可）	しにくい（原則 IC リーダー等必要）
署名代行*	できなくはない	しにくい
署名検証*	しやすい（無料ソフトあり）	しにくい（署名検証者が限定的）
規模適性	スタートアップ（ミドル・レイター） 上場企業・大企業向き	スタートアップ（シード・アーリー） 一人会社・中小企業向き

本店移転＊ 会社・法人の本店住所変更登記の際に証明書が失効するか否か。
住所変更＊ 代表者個人の住所変更の際に証明書が失効するか否か。
署名代行＊ 代表者名義の文書に代表者以外の者が電子署名を付与すること。
署名検証＊ PDF 方式で第三者が署名したファイルの検証（証明書有効性確認含む）。

• 商業登記電子証明書かマイナンバーカードか

　商業登記で利用可のクラウド型電子署名サービス（前節(4)その他に分類）のみでは，本人申請・代理申請のどちらの場合においても，商業登記を完全オンライン申請で行い，デジタル完結させることはできません。会社実印に相当する，商業登記電子証明書・代表者のマイナンバーカード電子証明書・特定認証業務電子証明書（セコムパスポート for G-ID）のうち，少なくともいずれかを準備する必要があります。

　まずは，オンライン申請上で会社実印の役割を果たす，商業登記電子証明書とマイナンバーカードのどちらを軸に据えるかを，上表を参考に検討すると捗ります。

　具体的に，登記手続が発生する場面では，以下のような視点を勘案し，いずれの電子証明書の導入が必要かをデザインするとよいでしょう。

・検討の視点

(1) 電子署名対象者の分析

□直近の登記手続のみで考えるか，今後の登記手続全体で考えるか

（直近の登記手続のみで考える場合）

　□電子署名の対象者は誰になるか（代表者のみか，役員等[1]を含むか，取引先等の第三者[2]まで含むか）

　▶代表者のみであれば，代表者のマイナカード所持で足りる（ただし，一定規模以上の会社だと代表者のマイナカード署名は困難）

　▶署名対象者に第三者を含む場合はクラウド型電子署名が原則必要

　□署名対象に役員等を含む場合は，実印相当の電子署名が必要になるか

　▶不要であれば，代表者以外役員はクラウド型電子署名で足りる

（今後の登記手続全体で考える場合）

　□代表者・役員等・第三者がいずれの電子証明書を利用するかを検討する

　　代表者……………商登証 or マイナ or 特認証（セコム）

　　役員・従業員等……マイナ or 特認証 or クラウド型

　　第三者……………クラウド型

(2) 電子証明書・電子署名の導入状況と意向の確認

□商業登記電子証明書の有無，導入意向の有無

□役員等のマイナンバーカードの有無，電子署名の可否

　▶その所持だけでなく，電子署名できる環境・リテラシーはあるか

□クラウド型電子署名サービスの加入の有無・導入意向の有無

　次節では，検討手順のモデルケースを示します。商業登記電子証明書を取得していない場合と取得している場合とで分けて考えています。

第Ⅱ部　完全オンライン申請の準備

1　取締役会議事録への署名対象者（取締役・監査役等）や社内のストックオプション割当者（従業員）等を指します。
2　社外の株式申込人や新株予約権の割当者等を指します。

4．商業登記完全オンライン申請へのフローチャート

◆商業登記電子証明書がない場合

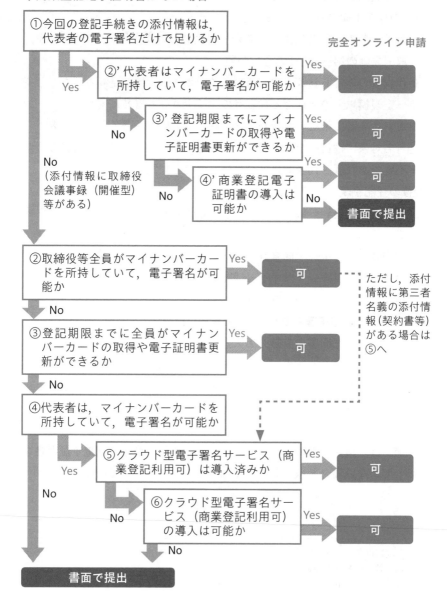

◆商業登記電子証明書がある場合

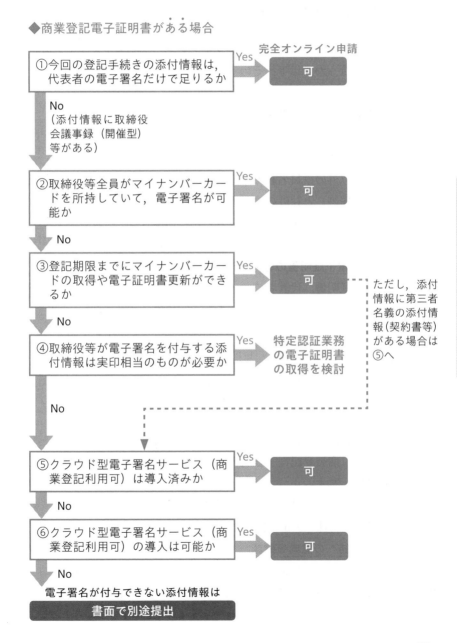

①今回の登記手続きの添付情報は，代表者の電子署名だけで足りるか

Yes → 完全オンライン申請 可

No
（添付情報に取締役会議事録（開催型）等がある）

②取締役等全員がマイナンバーカードを所持していて，電子署名が可能か

Yes → 可

No

③登記期限までにマイナンバーカードの取得や電子証明書更新ができるか

Yes → 可

ただし，添付情報に第三者名義の添付情報（契約書等）がある場合は⑤へ

No

④取締役等が電子署名を付与する添付情報は実印相当のものが必要か

Yes → 特定認証業務の電子証明書の取得を検討

No

⑤クラウド型電子署名サービス（商業登記利用可）は導入済みか

Yes → 可

No

⑥クラウド型電子署名サービス（商業登記利用可）の導入は可能か

Yes → 可

No

電子署名が付与できない添付情報は
書面で別途提出

第Ⅱ部　完全オンライン申請の準備

5．完全オンライン申請の薦め方 （司法書士からクライアントへ）

　前節の内容を踏まえ，代理人からクライアントへ，完全オンライン申請の提案をいかに行うか，以下，その手順の一例です。

手順

1/6 登記に必要な添付情報の特定

　電子署名の対象者と，必要な電子証明書を特定するために，まずは，依頼を受ける登記に関しての添付情報を特定します。

　特に，代表者以外の役員名義の添付情報（開催型の取締役会議事録・就任承諾書・辞任届等）と社外の第三者名義の添付情報（総数引受契約書・合併契約書等）の有無が重要です。それらがない場合は，代表者がマイナンバーカードを所有していれば，それで足りるためです。

2/6 電子署名，電子証明書の導入状況の確認

　商業登記電子証明書，代表者のマイナンバーカード，特定認証業務電子証明書，電子署名サービス導入の有無を確認します。

　電子署名サービスを導入済みの場合，商業登記のオンライン申請での利用の可否を，下記法務省 Web サイトの最新情報で判断します。

> 法務省「商業・法人登記のオンライン申請について」
> （https://www.moj.go.jp/MINJI/minji60.html）

　そのうえで，1/6 で特定した添付情報の全てに電子署名を付与するにあたって，新たに，商業登記電子証明書等の取得や電子署名サービスの導入が必要かを判断します。

　この時点で，全ての添付情報に電子署名を付与できる場合には，各ファイルへの電子署名方法（6/6）を案内します。

3/6 デジタル完結への意向を確認

　企業規模や担当者のポジション，電子署名・電子証明書の導入状況に応じて，完全オンライン申請で進める相手側のメリット（コスト・スピード・セキュリティ等。6〜9頁参照）を提案したうえで，デジタル完結で

進めたいか，先方の意向を確認します。

　ただし，直ちに，100％完全のオンライン申請を，一足飛びに目指す必要もなく，現時点で電子署名のできる添付情報からオンライン送信を進めていく方法でも十分です。

　例えば，クラウド型電子署名が利用できる添付情報（株主総会議事録や株主リスト等）のみオンラインで送信して，残りの委任状等は会社実印捺印のうえ書面提出としたり，逆に，代表者のマイナンバーカードでの電子署名で済む添付情報のみオンラインで送信して，取締役会議事録等は各役員が押印のうえ書面提出としたりする等，管轄法務局へ，添付情報の一部をオンラインで送信し，残りを書面提出とすることも登記申請上許容されています（商登規102条2項ただし書参照）。

4/6　電子署名サービス導入の案内

　必要に応じて商業登記で利用できる電子署名サービスの導入を案内します。電子署名サービスの選び方・基準は172頁以下を参照ください。

5/6　商業登記電子証明書の取得方法の案内

　必要な場合は，商業登記電子証明書の取得方法を案内します（56頁以下）。登記期限までに余裕がある場合（約2か月以上）は，代表者へマイナンバーカードの取得（後述122頁）の提案も考えられます。なお，セコムパスポート for G-ID の取得案内（後述165頁）でも代替可です。

6/6　各登記書類への電子署名方法を案内

　各登記書類への電子署名の対象者，いずれの電子証明書を利用するか，そして，電子署名の方法を案内します[1]。

(1)商業登記電子証明書…96頁以下　(2)マイナンバーカード…132頁以下
(3)特定認証業務電子証明書…164頁（96頁以下）　(4)その他…175, 180頁

第Ⅱ部　完全オンライン申請の準備

1　なお，代表者選定の取締役会議事録等に出席役員が(4)，代表者が(1)(2)(3)のいずれかで電子署名をする際，(4)で電子署名したのち，(1)(2)(3)のいずれかで追加で電子署名が必要な点に注意ください。

◆完全オンライン申請時，署名付与者ごとに必要な証明書

電子署名付与者	場合分け	必要な証明書 （注）
代表者 例）委任状等	全ての場合	(1)(2)(3)のどれかが必須
取締役・監査役 等 例）就任承諾書，取締役 会議事録等	・押印書類がない場合	不要
	・押印書類（実印必要）あり	(2)(3)のどちらかが必須
	・押印書類（実印不要）あり	(2)(3)(4)のどれかが必須
従業員 等 例）新株予約権申込証等	・押印書類がない場合	不要
	・押印書類（実印不要）あり	(2)(3)(4)のどれかが必須
第三者（株式引受人）等 例）株式申込証等	・押印書類がない場合	不要
	・押印書類（実印不要）あり	(1)(2)(3)(4)のどれかが必須

注：(1)商業登記電子証明書(2)マイナンバーカード(3)特定認証業務電子証明書(4)その他（ク
ラウド型電子署名）

◆例）役員重任＋新任の場合に必要な電子証明書（取締役会設置会社）

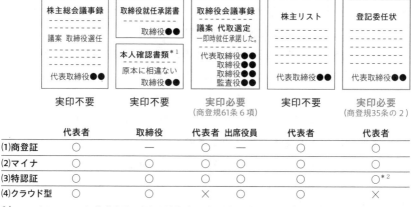

	代表者	取締役	代表者	出席役員	代表者	代表者
(1)商登証	○	―	○	―	○	○
(2)マイナ	○	○	○	○	○	○
(3)特認証	○	○	○	○	○	○*2
(4)クラウド型	○	○	×	×	○	×

*1　マイナンバーか特定認証で電子署名時は本人確認書類不要（商登規 103 条）

*2　特定認証業務電子証明書のうち，セコムパスポート for G-ID のみ可

第Ⅰ部 — **第Ⅱ部** — 第Ⅲ部

商業登記完全オンライン申請の準備

序　概要

Ⅰ　商業登記電子証明書

Ⅱ　マイナンバーカード

Ⅲ　特定認証業務電子証明書

Ⅳ　その他（クラウド型電子署名）

Ⅰの章では，法務局が発行する商業登記電子証明書について，その
ⅰ 概要，ⅱ 取得，ⅲ 署名，ⅳ 検証の4つのパートに区分して詳解
します。

①商業登記電子証明書の概要と用途

◆商業登記オンライン申請で利用可の電子証明書

	商業登記（本人申請）			商業登記（代理申請）			
	申請情報	添付情報（実印要）	添付情報（実印不要）	申請情報	添付情報（委任状）	添付情報（実印要）	添付情報（実印不要）
(1)商業登記電子証明書	○	○	○	○	○	○	○
(2)マイナンバーカード	○	○	○	○	○	○	○
(3)特定認証業務電子証明書[1] • セコムパスポート for G-ID	○[2]	○	○	○	○[2]	○	○
• e-Probatio PS2 • TDB 電子認証サービス TypeA • AOSign サービス G2 • DIACERT（PLUS）サービス	×	○	○	○	×	○	○
(4)その他 • クラウドサイン • 電子印鑑 GMO サイン 等	×	×	○	×	×	×	○

[1]　氏名及び住所を確認することができるものに限る。
[2]　氏名，住所，出生年月日を確認することができるものに限る。

◆商業登記電子証明書を利用できる行政手続等

種別	管轄等	対応システム
電子申請・届出	法務省	登記・供託オンライン申請システム • 商業・法人登記の申請 • 印鑑証明書の交付請求 • 不動産登記の申請 • 動産・債権譲渡登記の申請 • 成年後見登記の申請 • 供託登記の申請 • 電子公証関係手続
	日本年金機構 ハローワーク 労働基準監督署	e-Gov 電子申請システム （社会保険・労働保険関係手続）
	総務省	電波利用 電子申請・届出システム
	特許庁	電子出願ソフト
	国土交通省	自動車保有関係手続のワンストップサービス
	電子自治体	東京共同電子申請・届出サービス等
電子入札	利用府省	調達ポータル 政府電子調達（GEPS）
	防衛装備庁	電子入札・開札システム
電子申告・納税	国税庁 地方税共同機構	国税電子申告・納税システム（e-Tax） 地方税ポータルシステム（eLTAX）
支払督促	裁判所	督促手続オンラインシステム

法務省「電子証明書取得のご案内」より作成
（https://www.moj.go.jp/MINJI/minji06_00028.html）

・商業登記電子証明書とは

　商業登記電子証明書とは，商業登記に基づく電子認証制度のもと，登記所（発行請求先は管轄法務局・発行元は電子認証登記所（東京法務局））が発行する，会社・法人等の代表者等に関する電子証明書（商登規33条の8第2項）を指します。電子認証登記所電子証明書とも呼ばれます。

　その特徴として，①法人の代表者を証明していること，②商業登記の情報に基づく内容であること，③政府機関が発行していることが挙げられます。

・行政手続等での利用

　商業登記電子証明書を用いて，商業登記のオンライン申請に際し，会社・法人の代表者は，申請情報・代表者作成の添付情報・登記委任状について電子署名を行うことが可能です（前頁上表）。それだけでなく，登記申請で提出を要しない取締役会議事録等，会社法上の押印義務のある電子文書にも，代表者の署名又は記名押印に代わる措置として利用することも可能です（会施規225条1項・2項）。

　また，商業登記だけでなく，不動産登記，動産・債権譲渡登記，成年後見登記，供託，電子公証のオンライン申請，印鑑証明書のオンライン請求等の各種手続にも利用できます。

　さらに，法務省管轄以外にも，e-Tax（国税電子申告・納税システム），eLTAX（地方税電子申告），社会保険・雇用保険・労働保険関係手続（e-Gov電子申請），特許のインターネット出願，電子入札・電子調達や裁判所への支払督促のオンライン手続等において利用が可能です。

　そのため，一定規模以上の企業が，商業登記電子証明書の取得を検討する際には，別部署で既に取得・利用がなされていないかを確認するとよいでしょう。例えば，法務部の登記申請では利用がなくとも，総務部や経理部の社会保険や税務手続で利用していたケースが見受けられます。

　ちなみに，電子契約や行政手続で商業登記電子証明書を利用したことのある企業の比率は，上場企業が多い母集団（経営法友会会員企業）への調査だと，34.7％という結果が出ています（船津浩司「『商業登記と企業の契約締結実務に関する質問票調査』の結果の分析（下）」旬刊商事法務2323号参照）。

②商業登記電子証明書の証明期間と手数料

◆商業登記電子証明書の証明期間ごとの手数料と申請件数・比率

証明期間	発行手数料	申請件数 （2022 年）	申請比率 （2022 年）
3 か月	1,300 円	7,118 件	12.7%
6 か月	2,300 円	2,538 件	4.5%
9 か月	3,300 円	1,175 件	2.1%
12 か月	4,300 円	16,477 件	29.5%
15 か月	5,300 円	1,327 件	2.4%
18 か月	6,300 円	674 件	1.2%
21 か月	7,300 円	362 件	0.6%
24 か月	8,300 円	7,175 件	12.8%
27 か月	9,300 円	19,091 件	34.1%
計		55,937 件	100.0%

※1　塗りつぶしは，申請件数・比率の高い証明期間とその手数料
※2　申請比率の小数点第二位は四捨五入

法務省「商業登記電子証明書の取得方法について」「電子認証に関する事件の統計」より作成
(https://www.moj.go.jp/content/001364327.pdf)
(https://www.moj.go.jp/MINJI/minji06_00126.html)

・証明期間と手数料

　商業登記電子証明書には証明期間（電子証明書の有効性を確認することができる期間）が定められています。発行請求者が任意の証明期間を選択でき（3か月の整数倍で最長27か月），その期間に応じた発行手数料を支払います（書面請求・オンライン請求で手数料に差はありません）。

　なお，証明期間内は，何度でも電子証明書の取得（ダウンロード）が可能です。ただし，証明期間は，管轄登記所で電子証明書の発行申請の処理が終了し，電子認証登記所に電子証明書の情報が登録された時から開始する点に注意ください（電子証明書のダウンロード時から開始するのではありません）。

・証明期間は何か月にするか

　2022年の法務省統計によると，商業登記電子証明書の発行申請件数は合計で55,937件，証明期間ごとにみると，件数の多い順に27か月（34.1％）→ 12か月（29.5％）→ 24か月（12.8％）となっています。

　特に理由がなければ，本書では，最長期間の27か月での取得を推奨します（証明期間が長くなるほど，月額換算で考えると手数料が安価なほか，例えば，取締役任期2年の会社設立と同時に証明書を取得する場合，証明期間24か月では，再任登記のタイミングで証明書期間が切れてしまう等の理由によります）。もっとも，直近の登記申請で試用したいとの需要であれば3か月の期間でも十分でしょう。

・変更登記による失効と再発行

　注意点として，証明期間中に電子証明書の記載事項に変更の登記（代表者変更，商号変更，本店移転，代表者の代表権の制限）がされた場合，電子証明書は失効します。代表者変更等で印鑑届書の再提出が必要となる点に類似します。**商号変更，本店移転の場合には，残期間で手数料不要で再発行が可能です。**一方で，**代表者変更の場合，再び発行するには新規発行時と同様の手数料が必要です。**司法書士が，商業登記電子証明書取得済みの会社の代表者変更，商号変更，本店移転の登記申請をする場合は，電子証明書再発行の意向を確認することが推奨されます。

③証明書を取得できる会社・法人の代表者等

◆商業登記電子証明書の発行請求ができる者

- 各種会社の代表者（代表取締役・代表執行役・代表清算人・代表社員等）・支配人・管財人・保全管理人等
  株式会社（特例有限会社）・合同会社・合資会社・合名会社
- 商号使用者（個人商人）
- 外国会社の日本における代表者
- 各種法人の代表者
  一般社団法人・一般財団法人・独立行政法人・特殊法人・認可法人・協同組合・社会福祉法人・医療法人・宗教法人・学校法人・信用金庫・特定非営利活動法人（NPO法人）
  有限責任事業組合（LLP）・投資事業有限責任組合（LPS）・特定目的会社（TMK）
  監査法人・行政書士法人・司法書士法人・社会保険労務士法人・税理士法人・土地家屋調査士法人・弁護士法人・弁理士法人　等

・発行請求ができる会社・法人の代表者等

　商業登記電子証明書の発行請求は，株式会社の代表取締役（指名委員会等設置会社の場合は代表執行役，清算会社の場合は代表清算人）のみならず，支配人（支配人登記簿でなく会社の登記簿に登記される者），各種会社（合同会社・合資会社・合名会社）の代表社員，商号使用者や外国会社の日本における代表者（法人である場合を除く）のほか，商登法12条の2を準用する他の法令（組合等登記令等）に基づいて，各種の法人の代表者も可能です（上表）。

　会社・法人の印鑑証明書の交付請求をできる者が，商業登記電子証明書の発行請求ができる者にほぼ一致するため（商登法12条の2，12条），その対象範囲は広く定められています。

　なお，商業登記電子証明書の発行請求ができる法人は，上表に全て記載しきれませんので，未記載の法人については，組合等登記令の別表等の当該法人の登記手続を規定する法令を参照ください。

◆商業登記電子証明書の発行請求が<u>できない</u>者[1]

- 代表権・代理権の範囲又は制限に関する登記がされている者
- 未成年者登記簿，後見人登記簿又は支配人登記簿に登記された者
- 外国会社の日本における代表者である法人の代表者（当該代表者が法人である場合にあっては，当該外国会社の日本における代表者である法人の代表者の職務を行うべき者）
- 次の者が法人である場合に，その職務を行うべき者として指名された者
    破産法による破産管財人・保全管理人
    民事再生法による管財人・保全管理人，会社更生法による管財人・保全管理人
    外国倒産処理手続の承認援助に関する法律による承認管財人・保全管理人
    保険業法による保険管理人，預金保険法による金融整理管財人
    農水産業協同組合貯金保険法による管理人
- 次に該当する者が法人である場合に，その代表者のうちその職務を行うべき者として指名された者（当該代表者が法人である場合は，その職務を行うべき者）
    投資事業有限責任組合契約による無限責任組合員又は清算人
    信託法による限定責任信託の受託者（清算受託者を除く。）・信託財産管理者・信託財産法人管理人・清算受託者
- 次に該当する場合において，全ての業務に係る代表権を有する者<u>以外</u>の者
    司法書士法人につき特定社員が登記されている場合
    土地家屋調査士法人につき特定社員が登記されている場合
    行政書士法人につき特定社員が登記されている場合
    社会保険労務士法人につき特定社員が登記されている場合
- 公認会計士法による特定社員

・発行請求ができない会社・法人の代表者等

　上表に掲げる者は請求ができません（商登規 33 条の 3）。例えば，保全管理人や投資事業有限責任組合法人の無限責任組合員が法人である場合に，その職務執行者は請求が受け付けられません（なお，合同会社については，代表社員が法人である場合にも，その職務執行者が発行請求可能です）。

　また，会社・法人の代表者が法務局に印鑑を提出している場合は，代表者のうち，印鑑提出者である代表者のみが証明書の発行対象であるため（商登法 12 条の 2 第 1 項，12 条 1 項 1 号，17 条 2 項），印鑑提出者でない代表者は発行請求を行うことができません（代表者複数の会社・法人を想定）。

　1　参考：法務省「第 3　商業登記に基づく電子認証制度」
　　　（https://www.moj.go.jp/ONLINE/CERTIFICATION/GUIDE/guide03.html）

④ （参考）商業登記電子証明書の仕組み

◆商業登記電子証明書の仕組み（概観）

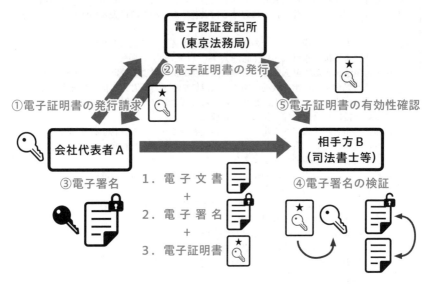

法務省「〈資料２〉認証機関を利用した電子署名の利用形態」・
　　「〈資料３〉商業登記に基づく電子認証の仕組み」より作成
（https://www.moj.go.jp/ONLINE/CERTIFICATION/GUIDE/refer02.html）
（https://www.moj.go.jp/ONLINE/CERTIFICATION/GUIDE/refer03.html）

・商業登記電子証明書の仕組み

　商業登記電子証明書の仕組み（商業登記に基づく電子認証制度）は，15
頁で解説した「公開鍵暗号方式」による電子署名を対象として，電子署名
の際に用いる「秘密鍵」に対応する「公開鍵」の持ち主（会社・法人の代
表者）を，認証局（電子認証登記所）が発行する「電子証明書」において
証明（認証）するものです。

　上図は，商業登記電子証明書の取得から電子署名，検証までの流れです。
電子証明書を取得し署名する会社代表者をＡ，電子署名済みファイルを受
取り署名検証する相手方（司法書士等）をＢとしています。以下，順に解
説します。

①電子証明書の発行請求

　会社代表者Aは，公開鍵と秘密鍵を作成し，公開鍵を，管轄法務局を通じて電子認証登記所（東京法務局）に届出します。

　具体的には，法務局の電子認証ソフトで鍵ペアファイル（秘密鍵と公開鍵）を作成し，申請用総合ソフト等で申請情報とSHINSEIファイルを管轄法務局へ送信（又は持参・郵送）します。

②電子証明書の発行

　電子認証登記所は，Aの本人確認を行ったうえ，電子証明書を発行します。電子証明書は，Aが公開鍵の持ち主であることを電子認証登記所が証明しています（これを「認証」といいます）。

　具体的には，申請用総合ソフト等に認証局からシリアル番号が通知（持参・郵送の場合は発行）されますので，Aは，その番号を入力して電子認証ソフトから電子証明書のダウンロードを行います。

③電子署名

　Aは，秘密鍵を用いて電子文書[1]に電子署名を行い，電子署名済みの電子文書を相手方Bに送信します。電子署名済みの電子文書には，元の文書，電子署名[2]，Aの公開鍵入りの電子証明書が三位一体で含まれています。

　具体的には，申請用総合ソフトやPDFソフト等を用いてPDFファイルに電子署名を付与し，当該ファイルを相手方に共有します。

④電子署名の検証

　Bは，Aから受け取った公開鍵入りの電子証明書から公開鍵を取り出し検証[3]を行い，不正な改ざんがなされていないこと（非改ざん性の確認）

1　正確には，電子文書につきハッシュ関数を用いてハッシュ値に変換したもの。文章や画像・動画などのデータを一定の長さのデータに変換する手順をハッシュ関数といい，この変換を行った結果得られる値をハッシュ値と呼びます。同じ入力データに対しては，常に同じハッシュ値が生成され，ハッシュ値から元の入力データを復元することは，実用的には不可能とされる点に特徴があります。

2　ここでの電子署名は，電子文書につきハッシュ関数を用いてハッシュ値に秘密鍵で署名生成したものを指します。

3　公開鍵を用いて電子署名から元のハッシュ値を取り出し，同じく元の文書をハッシュ関数で計算して得られたハッシュ値と比較すること。

と，公開鍵のペアである秘密鍵で署名されたものであることを確認します（本人性の確認）。

　具体的には，申請用総合ソフトや商業登記電子認証ソフト，電子認証キット PRO（株式会社リーガル）等でファイルを開き確認します。

⑤電子証明書の有効性確認

　Bは，電子証明書が現在[4]も有効であるか（証明期間を経過していないか，証明書に記録された事項（商号，本店，代表者の資格・氏名等）に変更が生じていないか等）を電子認証登記所に確認することができます。

　具体的には，④の電子署名の検証過程と同時に確認を行います。

　以上が，本書執筆時点での商業登記電子証明書の仕組みですが，2025 年度を目標に，デジタル庁において，商業登記電子証明書のリモート署名方式の導入と認証局機能のクラウド化を含む次期認証システムの運用が目指されています。そのため，本書で説明した仕組みは過渡的なものであって，いずれ更新され得る宿命であることをお含み置きください。
　参考：デジタル庁「デジタル社会の実現に向けた重点計画（2023/6/9）」
　（https://www.digital.go.jp/policies/priority-policy-program/）

　2025 年度の商業登記電子証明書のリモート署名方式の導入を契機として，商業登記電子証明書（署名）とＧビズ ID（行政手続等で法人等を認証するための仕組み）との一体化の可否がデジタル庁にて検討されています。新制度（新商業登記電子証明書）では，法人のほぼ全てをユーザー数とし，事業者向け手続システム全てと接続することを目指す旨が，示されています（次頁表）。

4　任意の過去の時点を指定して，その時点の有効性を確認することもできます。この確認は，証明期間及び証明期間経過後 7 日以内の期間に行うことができます。

（参考）商業登記電子証明書の展望（2025 年以降）

◆ G ビズ ID と商業登記電子証明の一体化

◆ G ビズ ID と商業登記電子証明書の現状比較と目指す姿

	G ビズ ID（認証）	商業登記電子証明書（署名）	新制度（認証＋署名）
サービス開始時期	2020 年	2000 年	2025 年度以降
ユーザー数	100 万者	約 6 万社	法人についてはほぼ全てを目指す
対象ユーザー	法人・個人事業主	法人	法人＋個人事業主
接続システム数	143	12	事業者向け手続システム全てを目指す
システム	Open ID connect 2 要素認証（SMS or アプリ）	PKI 方式ファイル＋PIN	Open ID connect ＋リモート署名
ユーザーの身元確認	印鑑証明の郵送（8 月末からマイナンバーカードによる e-KYC を可能にする）	対面・郵送による申請書提出 or ソフトを通じたオンライン申請	マイナンバーカードと商業登記の突合による本人確認
身元確認の原本	商業登記（個人事業主は住民基本台帳）	商業登記	商業登記
端末	スマホ・PC	PC のみ（ウインドウズ端末でソフト DL）	スマホ・PC
事業者の費用負担	なし	あり（3 ヶ月で1300円，1 年で4300円）	認証は無償だが，署名は検討
根拠法令	なし	商業登記法	検討
所管	デジタル庁	法務省	デジタル庁＋法務省

デジタル庁「デジタル臨時行政調査会作業部会（第 24 回）」2023 年 9 月 20 日「資料 3 事業者手続サービスタスクフォースについて」15 頁・16 頁より抜粋（https://www.digital.go.jp/councils/administrative-research-wg/03735227-d301-4bec-a678-96e036d917ea）

⑤（参考）登記官の電子証明書

◆登記官電子証明書のイメージ

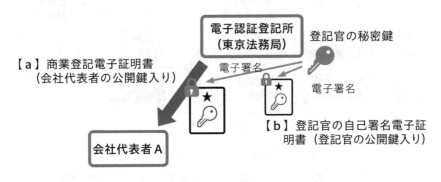

【a】商業登記電子証明書
　（会社代表者の公開鍵入り）

電子認証登記所
（東京法務局）

登記官の秘密鍵

電子署名

電子署名

★

会社代表者A

★

【b】登記官の自己署名電子証
　明書（登記官の公開鍵入り）

◆登記官電子証明書の確認

商業登記電子証明書の取得時に表示されるハッシュ値（電子認証ソフト上）

商業登記電子認証ソフト Ver.1.14 　－　電子認証登記所との通信について

電子認証登記所との通信について

　電子証明書の取得や有効性確認又は使用休止届を行う際には、電子認証登記所からメッセージを受信することになります。そのメッセージには、電子証明書の発行者の情報（電子認証登記所登記官の電子証明書）が添付されます。
　今回のメッセージに添付される電子証明書の情報（電子証明書のハッシュ値）は、次のとおりです

SHA-1　:7849 F6DE D1EB 9B6A 5165 0E30 C863 968F BB8E 379F
SHA-256:7AE6 E59D 3FD2 3765 125F 1620 CDAC 24C9 DD4F CADA EC4C 50C8 FD2F 9FE6 0C9A FAC8

【確認のお願い】
　上記のハッシュ値が法務省ホームページの「電子認証登記所登記官の電子証明書について」のページ（http://www.moj.go.jp/ONLINE/CERTIFICATION/REGISTRY/registry12-1.html＝こちらをクリック）に掲載されている電子証明書のハッシュ値のいずれかと一致するかを確認してください。

一致すること
を確認する

官報で公告・法務省 Web サイトで公表されるハッシュ値

電子認証登記所の登記官の電子証明書 （自己署名証明書）	電子証明書のハッシュ値 （16進数）(注1)
シリアル番号（10進数）：2022110000000001	7849 F6DE D1EB 9B6A
主体名（subject）：	5165 0E30 C863 968F
名称（commonName）= Registrar of Tokyo Legal Affairs Bureau	BB8E 379F
所属名（organizationalUnitName）= Ministry of Justice	
組織名（organizationName）= Japanese Government	7AE6 E59D 3FD2 3765
国名（countryName）= JP	125F 1620 CDAC 24C9
有効期間（validity）：	DD4F CADA EC4C 50C8
西暦2022年11月29日から西暦2028年11月28日まで	FD2F 9FE6 0C9A FAC8

・商業登記電子証明書に付与される登記官の電子証明書の意味

【a】商業登記電子証明書については，それが本当に電子認証登記所（東京法務局）の登記官が発行したものであるかを確認するための方法として，【a】商業登記電子証明書には，電子認証登記所の登記官が電子署名を行い，これに【b】登記官の公開鍵についての電子証明書（自己署名証明書[1]）が添付されます（前頁上図）。

構造が入り組んでいますが，署名者が電子文書に秘密鍵で電子署名を行うとともに公開鍵入りの電子証明書を相手方に送信することと同様に，電子認証登記所から発行請求者に対しても，【a】商業登記電子証明書に秘密鍵にて電子署名が行われたうえで，【b】登記官の自己署名証明書が併せて送信されているという構造です。

【a】商業登記電子証明書に添付される【b】登記官の自己署名証明書のハッシュ値は，官報において告示されるとともに，法務省 Web サイト[2]にも公表されています。自己署名証明書のハッシュ値と，公表されているハッシュ値とが一致するかを調べることで，商業登記電子証明書が本当に電子認証登記所の登記官によって発行されたものであるかを確認できます。

なお，電子認証登記所の登記官は，発行する【a】電子証明書に電子署名を行いますが，この電子署名に使用する秘密鍵は 3 年ごと（2019 年以降）に更新されます。登記官が秘密鍵を更新した後も，更新前に発行した有効な【a】電子証明書は引き続き利用することができるよう，この登記官の秘密鍵に対応する公開鍵の【b】電子証明書（自己署名証明書）の有効期間は 72 か月（2019 年以降）とされています。

1　自分で正当性を証明する認証局による証明書のこと。この場合，登記官の公開鍵について登記官自身の署名を付して証明した電子証明書を指します。信頼性の拠り所となるためルート証明書とも呼ばれます。

2　法務省「電子認証登記所登記官の電子証明書について」(https://www.moj.go.jp/ONLINE/CERTIFICATION/REGISTRY/registry12-1.html)

① （本人申請）商業登記電子証明書の発行の流れ

◆ （本人申請）商業登記電子証明書の発行の流れ

STEP1 **必要なファイルの作成**…62 頁

1．「商業登記電子認証ソフト（法務省・無償）」をDL＆インストール
2．必要なファイル（鍵ペアファイル・SHINSEI ファイル等）を作成

STEP2 **管轄法務局へ申請**

オンライン請求の場合…68 頁 （設立登記と同時申請の場合は…80 頁）

1．「登記・供託オンライン申請システム（法務省・無償）」登録
2．「申請用総合ソフト（法務省・無償）」をDL＆インストール
3．申請情報を作成，ファイル添付（SHINSEI ファイル）
4．申請情報に電子署名し送信

> 電子署名の事前準備…74 頁
> (1) 代表者のマイナンバーカード等の用意
> (2) IC カードリーダーの用意
> (3)「JPKI 利用者ソフト（J–LIS・無償）」のDL＆インストール
> (4)「申請用総合ソフト」のIC カードライブラリの設定

5．電子納付
6．シリアル番号の取得

OR

書面申請の場合…82 頁

1．申請書に会社実印を押印，収入印紙貼付
2．申請書とSHINSEI ファイル（USB メモリ等に保存）を管轄法務局へ持
  参 or 郵送
3．シリアル番号の受領

STEP3 **電子証明書の取得**…84 頁

「商業登記電子認証ソフト」でシリアル番号を入力し，電子証明書をダウンロード

　左図は，本人（代理人に委任せず会社自身）が，商業登記電子証明書の発行申請を行う場合の手続概観です[1]。

STEP1：法務省 Web サイトから「商業登記電子認証ソフト（以下，認証ソフト）」をダウンロードし，インストールします（無償）。認証ソフトを起動し，必要なファイル（①「鍵ペアファイル」②「SHINSEI」ファイル③申請書）を作成します。

STEP2（オンライン請求）：法務省の「登記・供託オンライン申請システム」に登録して（無償），法務省 Web サイトから「申請用総合ソフト（以下，総合ソフト）」をダウンロードし，インストールします（無償）。総合ソフトを起動し，申請情報を作成後，STEP1 の「SHINSEI」ファイルを添付（電子署名不要）のうえ，代表者がマイナンバーカードで申請情報に電子署名し送信して，手数料を電子納付します。なお，初めて電子署名を付与する場合は，事前準備が必要です（利用できる電子証明書は後述60 頁。書面申請の場合は本工程不要）。

　手続完了後，総合ソフト内で，シリアル番号が通知されます。

STEP2（書面申請）：STEP1 の申請書（会社実印を押印し，手数料分の収入印紙を貼付）と，USB メモリ等（STEP1 の「SHINSEI」ファイルのみを保存）を，管轄法務局へ持参又は郵送します（郵送時は，切手貼付の返送用封筒も同封）。窓口交付又は郵送で，シリアル番号記載の書面を受け取ります。

STEP3：認証ソフトを起動し，STEP1 の「鍵ペアファイル」を指定，STEP2 のシリアル番号を入力し，パスワードを決めて，商業登記電子証明書（ファイル形式。拡張子 .p12）をダウンロードします。なお，ファイル形式でなく，IC カードに格納された電子証明書を希望する場合は，電子証明書発行申請前に，民間事業者が提供するサービスへの申込み（有償）が必要です（後述 87 頁）。

　1　参考：法務省「商業登記電子証明書の取得方法について」
　　　　（https://www.moj.go.jp/content/001364327.pdf）
　　　　法務省「商業登記電子認証ソフトのダウンロード」
　　　　（https://www.moj.go.jp/MINJI/minji06_00027.html）

第Ⅱ部　完全オンライン申請の準備

②（代理申請）商業登記電子証明書の発行の流れ

◆ （代理申請）商業登記電子証明書の発行申請の流れ

STEP1 **必要なファイルの作成**…62 頁　会社側

1．「商業登記電子認証ソフト（法務省・無償）」をDL＆インストール
2．必要なファイル（鍵ペアファイル・SHINSEIファイル等）を作成
3．電子署名済み委任状とSHINSEIファイルを代理人へ共有
　　（書面申請の場合は委任状（会社実印を押印）を送付）

電子署名の事前準備（オンライン請求の場合）
(1) 代表者のマイナンバーカード等の用意
(2) ICカードリーダーの用意
(3)「JPKI利用者ソフト（J-LIS・無償）」のインストール
(4) 電子署名ソフト（JPKI PDF SIGNER等）のインストール
　　※司法書士が「RSS-SR（103頁他）」を導入済の場合は，(2)(3)(4)不要

STEP2 **管轄法務局へ申請**　司法書士側

オンライン請求の場合…68頁　（設立登記と同時申請の場合は…80頁）
1．「申請用総合ソフト」等で申請情報を作成し，ファイルを添付
2．代理人が申請情報に電子署名し送信，電子納付
3．シリアル番号の取得，会社側へ共有

OR

書面申請の場合…82頁
1．STEP1で作成された申請書に必要事項を記入，収入印紙貼付
2．申請書，委任状，USBメモリ等を管轄法務局へ持参or郵送
3．シリアル番号の受領，会社側へ共有

STEP3 **電子証明書の取得**…84頁　会社側

「商業登記電子認証ソフト」でシリアル番号を入力し，電子証明書をダウンロード

　左図は，代理人（司法書士・弁護士）が，商業登記電子証明書の発行申請を行う場合の手続概観です。

STEP1：会社側にて，法務省 Web サイトから「商業登記電子認証ソフト（以下，認証ソフト）」をダウンロードし，インストールします（無償）。認証ソフトを起動させ，必要事項を入力し，各ファイル（①「鍵ペアファイル」②「SHINSEI」ファイル③申請書兼委任状）を作成します。代理人への委任状（様式自由，③でも可）に，会社代表者がマイナンバーカード等で電子署名します。初めて電子署名を付与する場合は，事前準備が必要です（利用できる電子証明書は次頁。書面申請の場合は不要）。

　「SHINSEI」ファイルと電子署名済み委任状ファイル（書面申請の場合は会社実印押印の委任状）を代理人へ共有します。

STEP2（オンライン請求）：代理人側にて，「申請用総合ソフト（以下，総合ソフト）」等を起動させ，申請書を作成し，STEP1 の「SHINSEI」ファイル（電子署名不要）と委任状（電子署名済）を添付のうえ，代理人が申請情報に電子署名して送信し，手数料を電子納付します。手続完了後，総合ソフト等にシリアル番号が通知されるので会社側へ共有します。

STEP2（書面申請）：STEP1 の申請書兼委任状（手数料分の収入印紙を貼付）と，USB メモリ等（STEP1 の「SHINSEI」ファイルのみを保存）を，管轄法務局へ持参又は郵送します（郵送時は，切手貼付の返送用封筒も同封）。窓口交付又は郵送で，シリアル番号記載の書面を受取次第，会社側へ共有します。

STEP3：会社側にて認証ソフトを起動させ，STEP1 の「鍵ペアファイル」を指定，STEP2 のシリアル番号を入力し，パスワードを決めて，商業登記電子証明書（ファイル形式。拡張子 .p12）をダウンロードします。なお，ファイル形式でなく，IC カードに格納された電子証明書を希望する場合は，電子証明書発行申請前に，民間事業者が提供するサービスへの申込み（有償）が必要です（後述 87 頁）。

　なお，STEP1 から STEP3 までの手続を，代理人で一括代行することも物理的には可能ですが，秘密鍵・各パスワード・電子証明書が一時的にでも代理人側へ保管されるため，セキュリティの観点から推奨されません。

③オンライン請求で利用可の電子証明書等

◆商業登記電子証明書のオンライン請求で利用できる電子証明書

	本人申請	代理申請	
	申請情報	申請情報	委任状
(1)商業登記電子証明書	○	○	○
(2)マイナンバーカード	○	○	○
(3)特定認証業務電子証明書[1]			
• セコムパスポート for G-ID	○[2]	○	○[2]
• 電子認証サービス（e-Probatio PS2） • TDB 電子認証サービス TypeA • AOSign サービス G2 • DIACERT（PLUS）サービス	×	○	×
(4)その他 • クラウドサイン • 電子印鑑 GMO サイン • ドキュサイン（EU Advanced）等	×	×	×

[1] 氏名及び住所を確認することができるものに限る。
[2] 氏名，住所，生年月日を確認することができるものに限る。

◆誰が電子署名をするか？

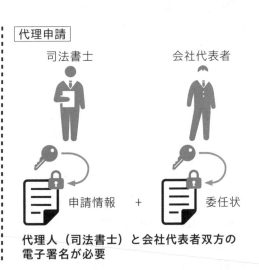

本人申請	代理申請
会社代表者	司法書士　　　　会社代表者
申請情報	申請情報　＋　委任状
	代理人（司法書士）と会社代表者双方の電子署名が必要

　商業登記電子証明書の発行請求をオンラインで申請する際に，必要な申請情報・添付情報（委任状）につき，いずれの電子証明書で電子署名を付与できるかをまとめたものが前頁上表です。

(1) 商業登記電子証明書

　申請情報・添付情報（委任状）のどちらにも利用できます。

　商業登記電子証明書の再取得時に利用されることが一般的です。既に取得済みの商業登記電子証明書が有効期間内であれば，当該電子証明書を使用して，新たな電子証明書の発行を申請することができます（商業登記電子証明書は複数発行が可能）。なお，証明期間の開始日を指定することはできません。

(2) マイナンバーカード（公的個人認証サービス電子証明書）

　申請情報・添付情報（委任状）のどちらにも利用できます。

　商業登記電子証明書の新規取得時に利用されることが一般的です（本人申請時の申請情報・代理申請時の委任状への電子署名）。

　なお，代表者のマイナンバーカードの住所と登記簿の代表者住所とは一致している必要があります。住所不一致の場合は，電子証明書の申請より先に，代表者の住所変更登記が必要です。

(3) 特定認証業務電子証明書

　セコムパスポート for G-ID（氏名・住所・生年月日を確認することができるもの）のみ，申請情報・添付情報（委任状）のどちらにも利用できます。他のものは，代理申請時の申請情報にのみ利用可です。

　司法書士による代理申請時の申請情報への電子署名に利用されることが一般的です。

(4) その他（クラウド型電子署名）

　申請情報・添付情報（委任状）のどちらにも利用ができません。

④ STEP1（必要なファイルの作成）

概観[1]

1/2「商業登記電子認証ソフト（法務省・無償）」をDL＆インストール

2/2 必要なファイル（鍵ペアファイル・SHINSEIファイル等）を作成

（＋α 代理申請時 委任状へ電子署名し必要なファイルを代理人へ共有）

手順

1/2「商業登記電子認証ソフト」のDL＆インストール

▶ 商業登記電子認証ソフト で Web 検索し，法務省 HP からソフトを DL

法務省「商業登記電子認証ソフト」のダウンロード

（https://www.moj.go.jp/MINJI/minji06_00027.html）

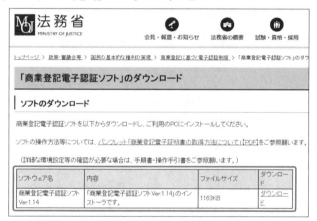

▶ DL したファイルをクリックし，画面の指示に従ってインストール

「商業登記電子認証ソフト」とは

　法務省が提供する，商業登記電子証明書の発行申請に必要なファイルを作成し，電子証明書（ファイル形式）をダウンロードするためのソフトウェア（無償）です。

　OS は，Windows のみの対応です（2023 年 11 月 1 日時点）。

「商業登記電子認証ソフト」の機能

　商業登記電子認証ソフトは，発行申請ファイルの作成と電子証明書のダウンロード以外にも下記の機能も有しています。

（主に電子証明書の取得前に利用する機能）
- 電子認証登記所との接続確認
- 通信環境設定
　　…プロキシ設定を利用したい場合に設定（通常は利用しない）
- 証明書発行申請ファイル（「SHINSEI」）の内容の確認

（主に電子証明書の取得後に利用する機能）
- 電子証明書表示…取得した自己の電子証明書の内容を表示できる
- 電子証明書有効性確認…取得した自己の電子証明書の有効性確認ができる
- 署名者の電子証明書表示・有効性確認（2023 年 3 月実装）　110 頁以下
　　…第三者から受領した電子証明書の内容表示と有効性確認ができる
- 電子証明書使用休止…電子証明書の使用休止をオンラインで申請できる
- 休止届出用暗証コード変更届出ファイル作成
　　…使用休止に必要なパスワードの変更届出書を作成できる

　なお，商業登記電子認証ソフトの詳細な利用方法は以下で確認可能です。
　法務省「インストール及び環境設定手順書」・「操作手引書」
　（https://www.moj.go.jp/MINJI/minji06_00027.html）

第Ⅱ部　完全オンライン申請の準備

1　以下の著者の Web サイトでも取得手順を解説しています。
　YOSHIDA OFFICE「商業登記電子証明書の取得（gif 動画）」
　（https://yoff.jp/crdc/）

2/2 必要なファイル（鍵ペアファイル・SHINSEI ファイル等）を作成

▶「商業登記電子認証ソフト」を起動し，「手順1」を選択

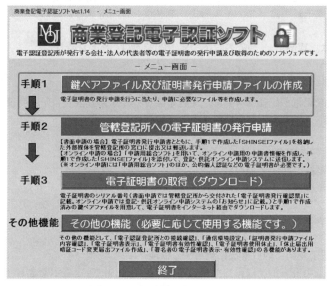

▶各項目を入力し，作成実行

鍵ペアファイル及び証明書発行申請ファイル作成

商業登記電子認証ソフト Ver.1.14 ・ 鍵ペアファイル及び証明書発行申請ファイル作成

商号又は名称（会社名） ※必須	①	株式会社YOSHIDA・OFFICE※登記簿どおり
商号又は名称の表音・略称等	②	（省略でも可）
本店又は主たる事務所（会社の所在地） ※必須	③	××県××市×××丁目×番×号 ※登記簿どおり
被証明者の氏名 ※必須	④	吉田直矢 ※代表者の氏名，登記簿どおり
被証明者の氏名の表音	⑤	（省略でも可）
被証明者の資格 ※必須 （選択肢に無い場合は直接入力）	⑥	代表取締役 ※代表者の資格，登記簿どおり
電子証明書の有効期間（証明期間） ※必須	⑦	27 ヶ月 （希望する証明期間を選択）
電子証明書の鍵長 ※必須	⑧	2,048 ビット （このままでOK）
鍵ペアファイルパスワード ※必須	⑨	xLMOSmi5orhml82d（半角英数字8～30文字，英数混在）
鍵ペアファイルパスワード（確認用） ※必須		xLMOSmi5orhml82d 〃
電子証明書の使用休止届出用暗証コード ※必須	⑩	Nqkx0QJxJEdj4MBm（半角英数字8～64文字，英数混在）
電子証明書の使用休止届出用暗証コード（確認用）※必須		Nqkx0QJxJEdj4MBm 〃
証明書発行申請ファイルの保存先 ※必須	⑪	C:¥Users¥XXXXX¥Desktop （どこでも可） 参照
鍵ペアファイル及び 発行申請書・委任状ファイルの保存先 ※必須	⑫	C:¥Users¥XXXXX¥Desktop （どこでも可） 参照

各欄を入力した後，鍵ペアファイル及び証明書発行申請ファイル作成実行ボタンをクリックしてください。

（著者注）
・「商号」「本店」「被証明者の氏名」「被証明者の資格」は登記簿の記載と完全一致するよう全角で入力
・インターネット登記情報（237頁）から取得した登記簿PDFファイルから各項目のコピー＆ペーストを推奨

鍵ペアファイル及び証明書発行申請ファイル作成実行	戻る

入力項目について

①商号又は名称（会社名）※必須 　（登記簿どおり入力）

②商号又は名称の表音・略称等 　（空欄でも可）

　海外取引等の用途で商号の表音や略称をローマ字表記で電子証明書に記載したい場合に入力。申請時に添付情報として定款・辞書等が必要。

③本店又は主たる事務所（会社の所在地）※必須 　（登記簿どおり入力）

　本店の都道府県が省略されている場合は省略のまま入力。

④被証明者の氏名※必須 　会社・法人の代表者名（登記簿どおり入力）

　氏名の間にスペースは入れない。JIS 第 1・第 2 水準以外の文字（外字等）は，これに類する文字かカタカナで入力。

⑤被証明者の氏名の表音 　（空欄でも可）

　被証明者の氏名をローマ字表記で電子証明書に記載したい場合に入力。

⑥被証明者の資格※必須 　例）代表取締役（プルダウンから選択）

- 株式会社の場合は「代表取締役（指名委員会等設置会社は代表執行役）」，合同会社の場合は「代表社員」等，代表者の役職を入力。
- 発行対象は登記されている会社・法人の代表者のみ。代表権のない役員（代表権の制限等の事由がある場合を含む）には発行不可。

⑦電子証明書の有効期間※必須 　（3 か月単位で最長 27 か月）

⑧電子証明書の鍵長※必須 　2,048 ビット

　秘密鍵の長さ（複雑さ）（本書執筆時点では 2,048 ビットのみ選択可）。

⑨鍵ペアファイルパスワード※必須 　例）xLM0Smi5orhml82d

　半角英数字 8 文字以上 30 文字以下，英数字混在必須，大文字小文字判別。電子証明書のダウンロード時に使用。PW 失念時も問合せ・変更不可。

⑩電子証明書の使用休止届出用暗証コード※必須

　例）Nqkx0QJxJEdj4MBm

　半角英数字 8 文字以上 64 文字以下，英数字混在必須，大文字小文字判別。電子証明書の使用を一時休止する際に使用。⑨鍵ペアファイル PWと同一でも可（セキュリティ上は非推奨）。

⑪証明書発行申請ファイルの保存先／⑫鍵ペアファイル及び発行申請書・委任状ファイルの保存先※必須 　（適当な場所を指定）

▶①鍵ペアファイル[2]，②「SHINSEI[3]」ファイル，③発行申請書・委任状ファイルの３点が作成されます。

商業登記電子認証ソフト Ver.1.12 - 鍵ペアファイル及び証明書発行申請ファイル作成結果

鍵ペアファイル及び証明書発行申請ファイル作成結果

① 鍵ペアファイルを作成しました。
（鍵ペアファイルの保存先：ファイル名 C:¥Users¥XXXXX¥Desktop¥作業場¥20221109113456鍵ペア）

鍵ペアファイルは，電子証明書の発行申請後，本ソフトの手順3の電子証明書の取得（ダウンロード）に必要となりますので，厳重に管理してください。電子証明書を取得するには，証明書発行申請時に（ファイル名「SHINSEI」）と同時に作成された鍵ペアファイルが必要です。別途，鍵ペアファイルだけを作成しても，電子証明書は取得することができません。また，鍵ペアファイルは，ダブルクリックしても開くことはできません。無理に開こうとすると，ファイルが破損し，電子証明書が取得できなくなる可能性がありますので，ご注意ください。

② 証明書発行申請ファイル（ファイル名「SHINSEI」）を作成しました。
（証明書発行申請ファイルの保存先：ファイル名 C:¥Users¥XXXXX¥Desktop¥作業場¥SHINSEI）

【書面申請の場合】証明書発行申請ファイルは，外部媒体（CD-R，USBメモリ等）に保存して，電子証明書発行申請書とともに管轄登記所の窓口に提出又は郵送してください。外部媒体以外の場所に保存する場合は，別途，外部媒体にフォルダを作成せず，直接，証明書発行申請ファイルのみを保存し，管轄登記所の窓口に提出又は郵送してください。
【オンライン申請の場合】「申請用総合ソフト」を用いて，オンライン申請用の申請書情報を作成し，証明書発行申請ファイルを添付して，登記・供託オンライン申請システムに送信してください。
また，証明書発行申請ファイルは，開くことはできません。内容を確認したい場合は，本ソフトの「その他の機能」の「証明書発行申請ファイル内容確認」をご覧ください。（詳しくは，http://www.moj.go.jp/MINJI/minji06_00028.htmlをご覧ください。）

③ 発行申請書・委任状ファイルを作成しました。
（発行申請書・委任状ファイル保存先：ファイル名 C:¥Users¥XXXXX¥Desktop¥作業場¥20221109113456申請書・委任状.pdf）

【書面申請の場合】この発行申請書・委任状ファイルを使用して，電子証明書発行申請書及び委任状の様式を印刷できます。様式を印刷した後，管轄登記所に提出する前に，注意事項をご参照の上，必要な記載や押印をしてください。
【オンライン申請の場合】この発行申請書・委任状ファイルは使用できません。

本画面の作成結果の情報をテキストファイルで保存することができます。テキストファイルで保存する場合は，ファイル作成結果保存ボタンをクリックしてください。保存しない場合には，メニュー画面ボタンをクリックしてください。

[ファイル作成結果保存]　　　　　　[メニュー画面]

※「ファイル作成結果保存」をクリックすると，上画面の情報をテキストで保存できます（任意）。

①鍵ペアファイル… `STEP3`（電子証明書の取得）で利用
②「SHINSEI」ファイル… `STEP2`（書面申請・オンライン申請）で利用
③発行申請書・委任状ファイル… `STEP2`（書面申請）で利用。`STEP2`（オンライン申請）の委任状としても利用可

本人申請の場合は，以上で `STEP1` は終了です。

- オンラインで法務局へ請求　　　　　→ `STEP2`（68頁）へ
- オンラインで設立登記と同時に請求　→ `STEP2`（80頁）へ
- 書面で法務局へ請求（持参・郵送）　→ `STEP2`（82頁）へ

  代理申請時　次頁へ。

2　電子証明書を作成するために必要な「秘密鍵」と「公開鍵」のペアのファイル。「年月日時分秒（半角数字14桁）鍵ペア」というファイル名で作成されます。

3　会社情報，代表者情報，「公開鍵」の情報が記録されたファイル。

+α 代理申請時 委任状へ電子署名し，必要なファイルを代理人へ共有

・代理人（司法書士）がオンラインで請求を行う場合

▶ 代理人から会社へ委任状[4]ファイルを送信（又は会社側で作成）

▶ 委任者（会社代表者）は，商業登記電子証明書，マイナンバーカード，セコムパスポート for G-ID のいずれかで電子署名を付与

▶ 「SHINSEI」ファイル[5]（電子署名不要）と委任状ファイル（電子署名済）を代理人へクラウドサービス[6]等で共有

委任状

代理人　　東京都品川区ＸＸＸ丁目Ｘ番Ｘ号
　　　　　司法書士　吉田直矢

上記の者を代理人と定め，次の事項を委任します。

委任事項
1．電子証明書発行申請に関する一切の件
　　電子証明書証明期間 27 か月

令和 5 年 5 月 31 日
委任者　　株式会社 YOSHIDA・OFFICE
　　　　　ＸＸ県ＸＸ市ＸＸＸ丁目Ｘ番Ｘ号
　　　　　代表取締役　吉田直矢

商業登記電子証明書
or マイナンバーカード
or セコムパスポート for G-ID

電子署名

・代理人（司法書士）が書面で申請を行う場合

▶ 電子証明書発行申請書兼委任状に会社実印を押印し，代理人へ送付。

▶ 「SHINSEI」ファイル[5]（電子署名不要）を代理人へクラウドサービス[6]等で共有。

4　委任状の様式は自由。
　　• 委任事項（例）は「電子証明書発行申請に関する一切の件／電子証明書証明期間 ●か月」
　　• 委任状は，（STEP1）で作成される申請書・委任状ファイルの利用も可
　　• （STEP2）の申請用総合ソフトの「電子証明書発行申請書」から「委任状作成」することも可
5　「SHINSEI」ファイルの取扱いの注意点（ファイルを直接開かない・拡張子をつけない等）について（後述 79 頁参照）。
6　メール添付での「SHINSEI」ファイルの共有は，破損のおそれがあるとして，法務省は推奨していません。なお，「SHINSEI」ファイルをメールで受け取った際，拡張子部分が自動付与されている場合（「SHINSEI.dat」等）は，ファイル名を修正して「.dat」部分を削除（「SHINSEI」）し，利用します。

第Ⅱ部　完全オンライン申請の準備

⑤ STEP2（オンライン請求）

概観

1/6「登記・供託オンライン申請システム（法務省・無償）」登録

2/6「申請用総合ソフト（法務省・無償）」を DL ＆インストール

3/6 申請情報を作成，ファイル添付（SHINSEI ファイル）

4/6 申請情報に電子署名し送信

5/6 電子納付

6/6 シリアル番号の取得

手順

1/6「登記・供託オンライン申請システム（法務省・無償）」登録

▶ 登記・供託オンライン申請システム で Web 検索

「登記・供託オンライン申請システム 登記ねっと 供託ねっと」

（https://www.touki-kyoutaku-online.moj.go.jp/）

▶「申請者情報登録」をクリックし，利用規約に同意

⑤ STEP2（オンライン請求）

▶仮登録＆本登録
申請者情報を入力して仮登録後，登録したメールアドレス[1]に届いた認証情報を入力して本登録します。

件 名	申請者情報登録用　認証情報のお知らせ
送信元	sys-info<sys-info@touki-kyoutaku-online.moj.go.jp>

申請者 様

　登記・供託オンライン申請システムの申請者情報登録に必要な認証情報をお知らせします。
　以下に示す認証情報を，有効期限までに「認証情報入力」画面の「認証情報」欄に入力してください。

認証情報：XXXXXXXX

有効期限：2023-XX-XX XX:XX

登記・供託オンライン申請システム

▶ログイン確認
申請者IDとパスワードを入力してログインできるか確認します。

以上で，登記・供託オンライン申請システムの登録は完了です。

証明書請求メニュー

第Ⅱ部　完全オンライン申請の準備

「登記・供託オンライン申請システム」とは

　法務省が提供する，登記申請や登記事項証明書等の交付請求をオンラインで行うためのシステムです（無償）。
　「申請用総合ソフト」を利用して，電子証明書発行や商業登記の申請情報をオンラインで送信する前提として，本システムへの登録が必要となります。利用時間は，71頁参照。

1　メール受信制限をしている場合は「moj.go.jp」からのメール受信を許可します。

STEP1 ▶ **STEP2** ▶ STEP3　　69

2/6「申請用総合ソフト（法務省・無償）」を DL ＆インストール

▶ 申請用総合ソフト で Web 検索

「登記・供託オンライン申請システム 登記ねっと 供託ねっと」

（https://www.touki-kyoutaku-online.moj.go.jp/）

▶トップページから「申請用総合ソフト」をクリック

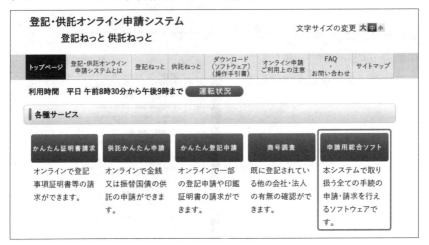

▶「ダウンロード」し，ファイルを開き，画面の指示に従ってインストールを進めます。

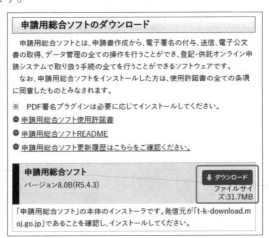

「申請用総合ソフト」とは

　法務省が提供する，商業・不動産・その他の登記等の申請情報を作成し，オンラインで法務局へ送信できるソフトウェア（無償）です。

　商業登記電子証明書の発行請求だけでなく，商業登記，不動産登記その他の登記の申請書の作成と送信，登記事項証明書と印鑑証明書の発行請求，電子署名の付与と検証（XML 方式），電子公文書の取得，登記の処理状況の確認等を行うことができます。個人法人問わず，誰でも利用が可能です。

　OS は，Windows10/11 の対応です（2023 年 11 月 1 日時点）。

　推奨ブラウザは，Google Chrome/Microsoft Edge

　なお，申請用総合ソフトの詳細な利用方法は操作手引書で確認が可能です。
　登記・供託オンライン申請システム「操作手引書のダウンロード」
　（https://www.touki-kyoutaku-online.moj.go.jp/download_manual.html）

申請用総合ソフト（登記・供託オンライン申請システム）の利用時間

- 月～金 8 時 30 分から 21 時まで（登記所での受付は 17 時 15 分まで）
（国民の祝日・休日，12 月 29 日から 1 月 3 日までの年末年始を除く）
- 利用時間外はログイン不可で，申請情報等の送信ができません。
（ただし，申請情報の作成・電子署名機能の利用は可）
- 申請情報等が，17 時 15 分から 21 時までに送信された場合は，請求情報を送信した日の翌業務日に登記所で受付されます。

第Ⅱ部　完全オンライン申請の準備

2　申請用総合ソフトの利用には，「.NET Framework4.8」が必要なため，インストールされていない場合は，Microsoft 社のウェブサイトを参照し入手してください。

3　利用環境によっては，URL を「信頼済みサイト」に登録しないと正しく動作しない場合があります。コントロールパネルから以下の URL を追加します。
　（https://www.touki-kyoutaku-online.moj.go.jp）
　（https://t-k-download.moj.go.jp）
　参照：登記・供託オンライン申請システム「信頼済みサイトへの登録について」
　　（https://www.touki-kyoutaku-online.moj.go.jp/cautions/kankyo/browser.html）

3/6 申請情報を作成，ファイル添付（SHINSEI ファイル）

▶申請用総合ソフトを起動

①申請者 ID・パスワードを入
力しログイン

②「申請書作成」＞「電子証明
書関連申請書」＞「電子証明
書発行申請書【署名要】」を
選択[4]

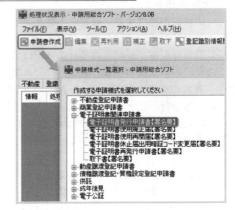

▶申請書の作成，ファイル添付（SHINSEI ファイル）

①件名（内容は自由），納付情報（全角カナ）を入力

②「オンライン会社・法人検索」で「会社・法人情報取得」
（会社法人等番号，商号，本店，申請先登記所が反映）

③「SHINSEI ファイル[5]読込・添付」で作成済の「SHINSEI」を選択
（商号，本店，被証明者資格・氏名，手数料，有効期間，申請人が反映）

④被証明者の生年月日を入力（全角）

⑤申請年月日が作成日で入力されているので必要に応じて修正

⑥ 代理申請時 「上記代理人」欄を入力（or 登録事項転記）

⑦「チェック」「プレビュー表示」で内容に相違ないか確認

⑧最後に「完了」

4　設立登記と電子証明書発行を同時に申請するときは後述 80 頁へ。

5　「SHINSEI」ファイルは本人申請時，代理申請時ともに電子署名不要。

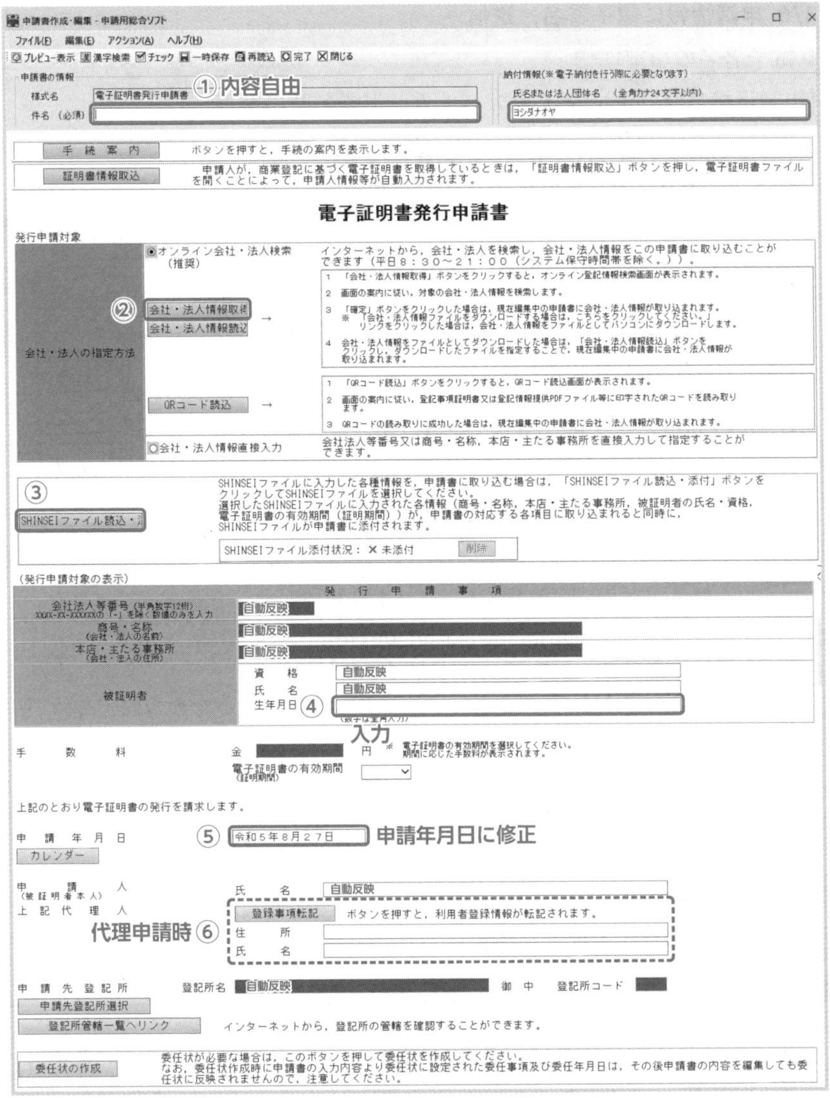

4/6 申請情報に電子署名，送信

▶電子署名の事前準備

【申請用総合ソフトでマイナンバーカード署名時の準備】

⑴代表者のマイナンバーカードの用意…取得方法は130頁

⑵ICカードリーダーの用意

　申請用総合ソフト上で，申請情報にマイナンバーカードで電子署名するには，ICカードリーダー（下記は利用可能な機種一覧）が必要です。

　　JPKIポータルサイト「ICカードリーダライタのご用意」

　　（https://www.jpki.go.jp/prepare/reader_writer.html）

　セットアップが未了の場合は，附属の明細書やWebのサポートを確認して完了させます。

⑶「JPKI利用者ソフト（J-LIS・無償）」のDL＆インストール

　地方公共団体情報システム機構が提供する，マイナンバーカード内の電子証明書を利用するために必要となるソフトです（無償）。

① JPKI利用者ソフト でWeb検索

② Windows版をダウンロードし，表示に従いインストール

　　公的個人認証サービスポータルサイト「利用者ソフトのダウンロード」

　　（https://www.jpki.go.jp/download/index.html）

⑷「申請用総合ソフト」のICカードライブラリの設定

　申請用総合ソフト上で，ICカードリーダーを利用するための設定を行います（詳細は147〜148頁参照）。

①（申請用総合ソフト）「処理状況表示」画面の「ツール」＞「オプション」を選択

②「ICカード切替」タブ＞「登録」

③（登録確認）「OK」＞（登録完了）「OK」

④（使用するICカードライブラリを選択）「公的個人認証サービス（個人番号カード）」を選択＞「適用」

⑤「設定」で完了

※ファイルタイプ（商業登記電子証明書 or セコムパスポート for G-ID）で申請情報に電子署名する場合は本工程不要

▶申請情報に会社の代表者のマイナンバーカード等で電子署名を付与し，送信

※ 代理申請時 署名付与前に，電子署名済委任状ファイルを添付して，申請情報に代理人（司法書士・弁護士）の電子証明書で電子署名を付与し，送信。

①対象の申請情報を選択して「署名付与」＞「ICカードで署名」

※商業登記電子証明書，セコムパスポート for G-ID を利用する場合は「ファイルで署名」を選択

②ICカードリーダーに代表者のマイナンバーカードをかざす（or 差込み）で「OK」

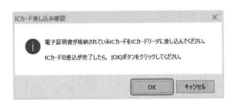

③「アクセスパスワード」にマイナンバーカードの署名用パスワード（6～16桁の半角英数字）を入力し「確定」して「閉じる」

④「申請データ送信」をクリックして「OK」

5/6 電子納付

▶「納付」ボタンをクリック

申請用総合ソフトの処理状況表示一覧の申
請中案件につき，電子納付が可能になると
納付ボタンが青字で表示されます（納付が青字にならない場合は「更新」
ボタンで表示更新）。

※登記申請時と異なり，電子証明書発行では，電子納付案内までに法務局
　の一次審査が入るため，納付ボタンはすぐには表示されません。

▶金融機関の選択
「e-Gov 電子納付」の画面がブ
ラウザに表示されるので払込み
を行う金融機関を選択します。

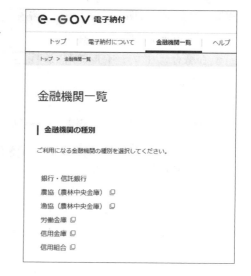

▶ログイン
利用する金融機関のインター
ネットバンキングにログインし
ます。

※事前に金融機関のインター
　ネットバンキングへ申込が必
　要です。

▶内容確認，払込み
払込内容確認のうえ（払込先や払込金額等は自動で引き継がれるため入力
不要），第2暗証番号（ワンタイムパスワード等）を入力し実行します。

▶納付状況を確認
申請用総合ソフトに戻り，申請中案件の納付状況が「納付
済み」となっていることを確認します。

注1：処理時間

17時15分以降に送信された商業登記電子証明書発行の請求情報は，翌日（翌業務日）に登記所で受け付けられるため，送信した日には処理状況は更新されません。処理状況は翌日（翌業務日）に確認します。

注2：納付期限

電子証明書発行請求時の手数料の納付期限は，「電子納付情報」が発行された日の翌日から起算して1日間（ただし，行政機関の休日に関する法律1条1項に掲げる休日は除きます）です。例えば，金曜日に電子納付情報が発行された場合は，次の月曜日まで。

一方，商業登記申請時の登録免許税の納付期限は，申請書情報が登記・供託オンライン申請システムに到達した日の翌日から起算して3日間（ただし，行政機関の休日に関する法律1条1項に掲げる休日は除きます）です。例えば，申請書情報が金曜日の業務終了後登記・供託オンライン申請システムに到達した場合は，月曜日から起算して3日目の水曜日が納付期限です。

その他の納付方法につき

その他，インターネットバンキングに直接アクセスして納付する方法と，Pay-easy（ペイジー）マークのあるATMから納付する方法があります。

まず，申請総合ソフトの納付ボタンから，「収納機関番号（00100）」，「納付番号」（16桁）及び「確認番号」（6桁）を確認します。

次に，インターネットバンキングの場合はログイン後，決済サービスの中から「税金・各種料金の払込み」を選択し，通知された納付情報の「収納機関番号（00100）」，「納付番号」（16桁）及び「確認番号」（6桁）を入力して払込実行します。ATMから納付する場合は，ATMメニューの中から「税金・各種料金の払込み」を選択し，同様に各番号を入力して払込実行します。

6/6 シリアル番号の取得

▶お知らせから，シリアル番号（16桁の数字）を取得

しばらくして「更新」をクリック，
手続が完了すると「お知らせ」ボタ
ンが青字になるので，クリックして，
電子証明書のシリアル番号を確認。

お知らせ - 申請用総合ソフト　　　　　　　　─　□　×

ファイル(F)　アクション(A)　ヘルプ(H)

申請案件

件名 _____

本文

No.	お知らせ	発行日時	▲
1	整理番号：電子証明書－申請－	…	
▶ 2	整理番号：電子証明書－申請－	…	

整理番号：電子証明書－申請－
商号／名称：
商号／名称（英字）：
本店／主たる事務所：
提出者資格：
提出者氏名：
提出者氏名（英字）：
電子証明書有効期間：
シリアル番号：1 2 3 4 5 6 7 8 9 0 1 2 3 4 5 6
管轄登記所：東京法務局

電子証明書のダウンロードに必要なシリアル番号を通知します。
ご利用の電子認証ソフトを起動して電子証明書をダウンロードす
る際は，上記のシリアル番号を半角数字で入力してください。

▶ **代理申請時** シリアル番号を会社へ共有します。

「SHINSEI」ファイル（証明書発行申請ファイル）取扱いの注意点

注1：「SHINSEI」ファイルは直接開かない（破損する場合がある）

- 内容を確認したいときは，商業登記電子認証ソフトの「その他の機能」＞「証明書発行申請ファイル内容確認」機能を利用します。

注2：「SHINSEI」ファイルには拡張子をつけない

- 「SHINSEI」ファイルが添付されたメールを受信する際，自動的に拡張子（「.dat」等）が付与される場合があります。その場合は，名前の変更で拡張子部分（「.dat」等）を削除します。
- ファイル名の拡張子が表示されていない場合は，フォルダの表示タブ「ファイル名拡張子」を☑する（Windows10）か，フォルダーオプションの表示タブ詳細設定の登録されている拡張子は表示しないの☑を外す（Windows10，11）等で設定変更します。

（書面申請の場合）

注3：「SHINSEI」ファイルとUSBメモリ等にパスワードを設定しない

- 自動暗号化機能付きのUSBメモリ等の使用は避けます。

注4：「SHINSEI」ファイルを保存するUSBメモリ等にはフォルダを作成しない

- 初期設定でフォルダやファイルが作成されているときは全て削除します。

注5：「SHINSEI」ファイルのみをUSBメモリ等に保存する

- 鍵ペアファイル等，他のファイルを保存しないようにします。

申請先の法務局にて証明書発行申請ファイルを読み込むことができない等の指摘がある場合は，上記事項が原因として考えられます（オンライン申請時も同様）。

「SHISEI」ファイルに関して不具合を指摘されるも，上記の原因に該当しない場合には，サポートデスクにお問い合わせください。

　　登記・供託オンライン申請システム「システムの操作に関するお問い合わせ」

　　（http://www.touki-kyoutaku-online.moj.go.jp/contact/contact_support.html）

⑥ STEP2（オンライン請求）設立登記と同時

設立登記申請と同時に電子証明書発行請求を行うことも可能です。

手順

1/7 申請用総合ソフトを起動

▶ 申請者ID・パスワードを入力しログイン（登記・供託オンライン申請システム未登録の場合は68頁）

▶ 「申請書作成」＞「商業登記申請書」＞「設立登記申請書（電子証明書発行同時申請用）＜登記すべき事項作成支援・添付ファイルチェック機能付き＞」のうち，設立する会社の種類を選択

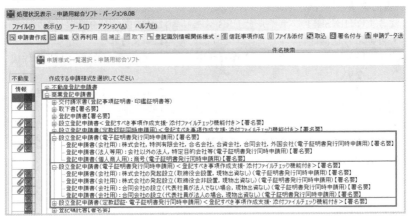

2/7 電子証明書発行申請書の作成

▶ Step1の「作成」から電子証明書発行申請書の入力画面へ（単独で電子証明書発行申請する場合と同様。前頁参照）

▶ 「SHINSEI」ファイルを添付し，必要事項を入力して「完了」

3/7　設立登記申請書の作成とファイル添付

▶ Step2 設立登記申請書の作成方法は後述 200 頁以下参照

▶「チェック」「プレビュー表示」で内容確認し，「完了」

▶「ファイル添付」から設立登記の添付情報を添付する

4/7　申請情報2件に署名付与

▶商業・法人タブの作成した申請情報を選択し「署名付与」＞「IC カードで署名」（前述 74 〜 75 頁参照）※マイナカードで電子署名する場合（商業登記電子証明書，セコムパスポート for G-ID で電子署名する場合は「ファイルで署名」）

▶ IC カードリーダーにマイナンバーカードをかざす（or 差込み）

▶署名用パスワードを入力し「確定」して「閉じる」

▶電子証明書タブの申請情報にも同様に電子署名を行います。

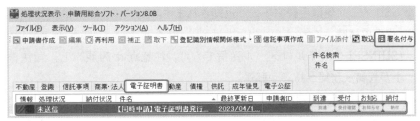

5/7　申請

▶商業・法人タブの申請情報を選択し「申請データ送信」し「OK」

▶送信対象を☑し，送信

※設立登記申請書を送信する際，電子証明書発行申請書が併せて送信されます。

6/7　電子納付　7/7　シリアル番号取得　※前節と同様（76 〜 79 頁）

第Ⅱ部　完全オンライン申請の準備

⑦ STEP2（書面申請）

必要なもの

①電子証明書発行申請書（収入印紙貼付）

②CD（DVD）-R¹ 又は USB メモリ²

③（郵送時）返信用封筒（切手貼付）

手順

1/4 申請書への記名押印，収入印紙の貼付

STEP1 で作成の申請書³（66 頁）を印刷，記名押印（会社実印）し，有効期間に応じた手数料分の収入印紙を貼付します（割印不要）。

※代表者の個人実印の押印は不要です（本人申請・代理申請ともに）。

2/4 SHINSEI ファイルを USB メモリ等に保存

STEP1 で作成の「SHINSEI」ファイル（66 頁）のみを USB メモリ等の外部媒体に保存します（「SHINSEI」以外のファイルを保存しない）。

参照：「SHINSEI」ファイル取扱いの注意点（79 頁）

3/4 管轄法務局へ持参か郵送

1/4 の申請書と 2/4 の USB メモリ等を管轄法務局へ持参か郵送します。

※ USB メモリ等は手続完了後，返却されます。

※ 代理申請時 これら（委任状は別紙でも可）を司法書士へ交付（SHINSEI ファイルはメール送信でも可。注意点は 79 頁）し，司法書士が管轄法務局へ持参か郵送。

4/4 シリアル番号の取得

持参の場合は窓口でシリアル番号（電子証明書発行確認票）が即日発行され，郵送の場合は返信用封筒で送付されます。

※ 代理申請時 取得した電子証明書発行確認票を会社側へ交付します。

---

1 CD（DVD）-ROM・RW でも可。

2 USB1.0 〜 3.0，TypeA 端子。

3 下記より申請書兼委任状の書式のダウンロードも可。
法務局「電子証明書の発行申請書の様式」（https://houmukyoku.moj.go.jp/homu/ELECTRON_13-1.html）

本人申請

電子証明書発行申請書　令和5年 5月31日

法務局
東京法務局　品川　支局・出張所（経由）

会社法人等番号	0000-00-000000
商号（名　称）	株式会社YOSHIDA
本店（事務所）	東京都品川区西五反田●丁目●番●号

被証明者：
資格　代表取締役
氏名　吉田直矢
生年月日　大・昭・平・令・西暦　60 年 11 月 26 生

証明期間（月数）　※○で囲んでください。　3　6　9　12　15　18　21　24　**27**　手数料　9,300　円

注　証明期間は3か月単位で最長27か月です。手数料は、証明期間が3か月のときは1,300円、3か月を超えるときは、その超える期間3か月ごとに1,000円を加算した額となります。

上記のとおり電子証明書の発行を請求します。

申請人

被証明者 本人	氏名 吉田直矢	（登記所に提出した印鑑）印
代理人	住所	
	氏名	

注　被証明者本人の印鑑には、登記所に提出した印鑑を鮮明に押印してください。
代理人が申請するときは、代理人の氏名・住所を記載し、委任状に登記事項を押印してください。
被証明者本人が登記所に提出した印鑑を鮮明に押印してください。

委　任　状

（住所）
（氏名）
私は、上記の者を代理人と定め、次の権限を委任します。
1．電子証明書発行申請に関する一切の件
　電子証明書証明期間　　　　27か月
　　　年　　月　　日
商号（名　称）
本店（事務所）
資格・氏名

整理番号	受付・告知年月日	担当者印

印紙貼付欄
・収入印紙は割印をしないでここに貼ってください。
・登記印紙も使用することができます。
・印紙を貼りきれないときは、この用紙の裏面に貼ってください。

収入印紙

※手数料分の収入印紙貼付（割印不要）

会社実印

代理申請

電子証明書発行申請書　令和5年 5月31日

法務局
東京法務局　品川　支局・出張所（経由）

会社法人等番号	0000-00-000000
商号（名　称）	株式会社YOSHIDA
本店（事務所）	東京都品川区西五反田●丁目●番●号

被証明者：
資格　代表取締役
氏名　吉田直矢
生年月日　大・昭・平・令・西暦　60 年 11 月 26 生

証明期間（月数）　※○で囲んでください。　3　6　9　12　15　18　21　24　**27**　手数料　9,300　円

注　証明期間は3か月単位で最長27か月です。手数料は、証明期間が3か月のときは1,300円、3か月を超えるときは、その超える期間3か月ごとに1,000円を加算した額となります。

上記のとおり電子証明書の発行を請求します。

申請人

被証明者 本人	氏名	（登記所に提出した印鑑）
代理人	住所 東京都品川区小山台○丁目○番○号	
	氏名 矢田直吉	

注　被証明者本人の印鑑には、登記所に提出した印鑑を鮮明に押印してください。
代理人が申請するときは、代理人の氏名・住所を記載し、委任状に登記事項を押印してください。

委　任　状

（住所）東京都品川区小山台○丁目○番○号
（氏名）矢田直吉
私は、上記の者を代理人と定め、次の権限を委任します。
1．電子証明書発行申請に関する一切の件
　電子証明書証明期間　　　　27か月
　令和5年 5月31日
商号（名　称）株式会社YOSHIDA
本店（事務所）東京都品川区西五反田
●丁目●番●号
資格・氏名 代表取締役 吉田直矢

印　会社実印
（登記所に提出した印鑑）

整理番号	受付・告知年月日	担当者印

印紙貼付欄
・収入印紙は割印をしないでここに貼ってください。
・登記印紙も使用することができます。
・印紙を貼りきれないときは、この用紙の裏面に貼ってください。

収入印紙

※手数料分の収入印紙貼付（割印不要）

・電子証明書発行
　申請書記載例

⑧ STEP3（ダウンロード）

1/3 ソフトの起動

▶「電子認証ソフト」を起動し，手順3「電子証明書の取得」を選択

手順3	電子証明書の取得（ダウンロード）
	電子証明書のシリアル番号（書面申請では管轄登記所から交付された「電子証明書発行確認票」に記載。オンライン申請では登記・供託オンライン申請システムの「お知らせ」に記載。）と手順1で作成済みの鍵ペアファイルを用意して，電子証明書をインターネット経由でダウンロードします。

2/3 各項目入力・パスワード設定

①シリアル番号：STEP2 で取得したシリアル番号（16桁の数字）を半角で入力

②鍵ペアファイル：STEP1 で作成した鍵ペアファイルを選択しパスワードを入力

③電子証明書保存先：どこでも可

④電子証明書パスワード：商業登記電子証明書のパスワード[1]を設定する

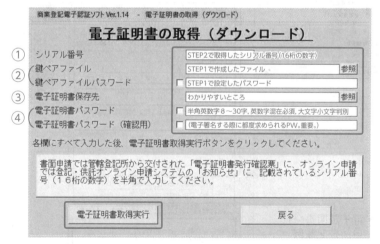

▶「電子証明書取得実行」

---

1 電子証明書パスワード：半角英数字8文字以上30文字以下，英数字混在必須，大文字小文字判別。電子署名する際に都度求められるPW。忘れた場合でも問い合わせや再発行はできません。

3/3 ハッシュ値の確認と取得

電子証明書が，確かに登記所から発行されたものであることを確認します。

▶電子証明書初取得
時は次の画面が表
示されるので，
URL をクリック

▶法務省 HP「電子
認証登記所登記官
の電子証明書及び
ハッシュ値」をク
リック

▶認証ソフト上の
ハッシュ値と，法
務省 HP のハッ
シュ値のいずれか
が一致することを
確認

▶認証ソフトに戻り「続行」をクリック

▶指定した場所に，拡張子「.p12」のファ
イル（電子証明書）が保存されます。

xxxxxxxxxxxxxx電子証明書.p12

以上で，商業登記電子証明書の取得は完了です。お疲れ様でした。

第Ⅱ部　完全オンライン申請の準備

⑨電子証明書の内容の確認

　商業登記電子認証ソフトの「その他の機能」＞「電子証明書有効性確認」から取得した自己の商業登記電子証明書（.p12 ファイル）を指定し，その内容と有効性を確認することが可能です。

商業登記電子認証ソフト Ver.1.14 ‐ 電子証明書表示結果	
電子証明書表示結果	
シリアル番号	2021210100000675
有効期間	2021年09月07日11時33分51秒～2023年12月07日23時59分59秒
発行者(issuer)	CN=Registrar of Tokyo Legal Affairs Bureau, OU=Ministry of Justice, O=Japanese Government, C=JP
主体者(subject)	CN=0000000000001-ninshoutarou, O=MOJ No.019990001032, C=JP
商号又は名称（会社名）	法務商事株式会社
会社法人等番号	019990001032
本店又は主たる事務所（会社の所在地）	東京都千代田区駿河台五丁目 7 番地
被証明者の氏名	法務太郎
被証明者の資格	代表取締役
管轄登記所名	東京法務局

※指定された電子証明書は，2023年12月07日で有効期間が満了しますので，その前に，再度，電子証明書の発行申請を行うこと等をご検討ください。

その他の機能画面

　上図のとおり，商業登記電子証明書には，「商号」「本店」「被証明者（代表者）の氏名」「被証明者（代表者）の資格」が記録されているため，これらの変更登記がなされると失効する仕組みとなっています。

　なお，2023 年 5 月より，他者から受領した電子証明書ファイルの内容表示と有効性確認を行うための機能が認証ソフトに実装されました。本機能によって，司法書士がクライアントから受け取った商業登記電子証明書で電子署名したファイルの署名検証が容易になりました。具体的には，電子署名済 PDF ファイルから証明書（拡張子「.cer」）を抽出して認証ソフトで検証するという手順をとります（詳細は，商業登記電子証明書の署名検証（PDF）の節 110 頁を参照）。

⑩電子証明書の保管について

商業登記電子証明書ファイルの保管について

電子証明書は，拡張子「.p12」のファイルです（電子証明書のほか，電子署名に必要な秘密鍵・公開鍵も含まれています）。移動（コピー）等して他の PC 等で使用・クラウド上で保管することもできます。移動（コピー）が容易であるため，管理規程等を設けて，会社内で電子証明書にアクセスできる人を制限，責任者を明記する等して，ファイルの管理には注意を払います。電子証明書を USB メモリ等の外部媒体に格納して，印章の扱いと同じように，物理的に金庫に保管することも不正流出等の対策として有用です。

商業登記電子証明書の IC カード格納

民間事業者のサービスを利用することで，ファイル形式でなく，IC カードに格納された商業登記電子証明書を取得することが可能です。ネットワークから遮断された環境で，印章と同様に物理的な管理ができるうえ，複製が困難というメリットがあります。IC カード格納の電子証明書を希望する場合，その取得の前に，以下いずれかのサービスに申込む必要がある点に注意します。

• 法人認証カードサービス（株式会社リーガル，日本電子認証株式会社）
• 法人用電子署名カード（合同会社エルプラス）

商業登記電子証明書の再取得

シリアル番号・鍵ペアファイル・鍵ペアファイルパスワードがあれば，STEP3（84 頁）の商業登記電子認証ソフトの手順 3 を再び実行することで，証明期間内は，何度でも電子証明書の取得（ダウンロード）が可能です。そのため，電子証明書ファイル（.p12）だけでなく，これらも併せて厳重に保管を行います。

第Ⅱ部　完全オンライン申請の準備

⑪商業登記電子証明書の使用の廃止・休止・再発行

・電子証明書の使用の廃止

　電子証明書を使用しなくなった場合や，秘密鍵を他人に知られてしまった場合等，証明期間中に電子証明書の使用の廃止を届け出ることができます（手数料不要）。

　なお，商号，本店，代表者の資格・氏名等に関する変更の登記がされた電子証明書は無効の状態になるため，使用廃止の届出の手続は不要です。

　使用廃止の届出は，申請用総合ソフト上で行うか，使用廃止届（会社実印を押印）を管轄法務局に書面で提出します。

・電子証明書の使用の休止

　秘密鍵を他人に知られてしまったおそれがある場合等，一時的に電子証明書の使用を休止する手続を商業登記電子認証ソフトで行うことができます（手数料不要）。この届出がされると，電子認証登記所は，電子証明書の有効性の確認請求に対して，公開鍵の持ち主が電子証明書の使用を休止している旨を証明することとなります。

　使用休止の届出は，商業登記電子認証ソフトを起動し，「その他の機能」＞「電子証明書使用休止」から，シリアル番号と使用休止用暗証コードを入力し，電子認証登記所に届出事項を送信します（使用の休止のみ認証ソフトを利用し，その他の手続は申請用総合ソフトを利用します）。

・使用休止用暗証コードの変更

　使用休止用暗証コードを他人に知られてしまった場合や忘れてしまった場合には，暗証コードを変更することができます（鍵ペアファイルパスワードと電子証明書パスワードは変更不可）。

　使用休止用暗証コードの変更の届出は，申請用総合ソフト上で行うか，識別符号（休止届出用暗証コード）の変更届（認証ソフトから作成可，会社実印を押印）を管轄法務局に書面で提出します。

・電子証明書の使用の再開

　使用休止中の電子証明書につき，使用を再開することができます。

　使用再開の届出は，申請用総合ソフト上で行うか，使用再開届（会社実

印を押印）を管轄法務局に書面で提出します。

・電子証明書の再発行

電子証明書に記録された事項（商号，本店，代表者の資格・氏名等）の変更登記（住居表示の実施に伴う変更など軽微なものを除く）がなされた場合，証明期間内であっても電子証明書は失効します（手数料の払戻しなし）。

◆商業登記電子証明書が失効する主な登記

---

①商号変更の登記
②本店移転の登記
③代表者が退任（重任を除く）した場合の登記
④代表者の代表権の制限に関する登記等

ただし，①商号変更の登記と②本店移転の登記の場合は，以下の条件を満たす限り，残りの証明期間において変更後の登記事項を証明事項として再発行の請求が可能です（手数料不要）。

◆手数料不要で再発行できる条件（①商号変更と②本店移転の場合）

---

(1)再発行の申請者が，失効した電子証明書に記録された者と同一
(2)印鑑の届出をしている
(3)代表権・代理権の範囲又は制限に関する定めがない

一方で代表者が退任して変更した場合に，電子証明書を再び取得するには新規発行と同じ手続が必要です（手数料も新規発行時と同じ）。

再発行の申請は，申請用総合ソフト上で行うか，再発行申請書（会社実印を押印）を管轄法務局に書面で提出します。なお，オンライン申請時の電子署名は，商業登記電子証明書は失効しており利用できないため，マイナンバーカードか特定認証業務の電子証明書を利用します。

各書式は，下記よりダウンロードが可能です。

法務省「電子証明書の使用廃止の届出・使用再開の届出・休止届出用暗証コード変更の届出・再発行申請」

（https://www.moj.go.jp/ONLINE/ELECTRON/13-2.html）

⑫ Q&A（商業登記電子証明書の取得）

Q 1　電子証明書の複数発行の可否

商業登記電子証明書を複数発行できますか。

A 1

電子認証登記所に登録する同一の公開鍵について複数の電子証明書の発行を申請することはできませんが，公開鍵が重複しなければ，同一人について，複数の電子証明書の発行が可能です。

Q 2　電子証明書の証明期間延長の可否

商業登記電子証明書の証明期間を延長できますか。

A 2

できません。一度発行した電子証明書は，その証明期間を変更できません。証明期間満了後，引き続き電子証明書を使用したい場合には，新たな電子証明書の発行請求が必要です（満了前に新規発行することも可能です）。

Q 3　パスワードの失念

「鍵ペアファイルパスワード」，「電子証明書パスワード」又は「電子証明書の使用休止届出用暗証コード」を忘れてしまった場合，これらのパスワード等を知ることのできる方法はありますか。

A 3

ありません。登記所や「登記・供託オンライン申請システム操作サポートデスク」に対して問合せをしても，これらのパスワード等を知ることはできず，「商業登記電子認証ソフト」によって確認することもできません。慎重な管理が推奨されます。

なお，「電子証明書パスワード」を忘れたが，「鍵ペアファイルパスワー

ド」を覚えている場合は，証明期間内であれば，次の Q&A の方法で，新たな「電子証明書パスワード」を設定して，再度電子証明書を取得することが可能です。

> **Q 4** パスワードの変更の可否
>
> 「鍵ペアファイルパスワード」，「電子証明書パスワード」又は「電子証明書の使用休止届出用暗証コード」を変更することはできますか。

> **A 4**

「鍵ペアファイルパスワード」………**変更不可**

「電子証明書パスワード」……………**変更不可（電子証明書再取得は可）**

電子証明書を取得した（ダウンロードした）後には変更をすることはできませんが，証明期間内であれば，「鍵ペアファイル」と「電子証明書発行確認票のシリアル番号」を利用して電子証明書を再度取得することができ，その際に新たな「電子証明書パスワード」を設定することができます。

「電子証明書の使用休止届出用暗証コード」………**変更可**

商業登記電子認証ソフトを利用して変更することが可能です（前述 88頁。変更前の使用休止届出用暗証コードの入力が必要です）。

> **Q 5** 支配人等の本店・資格の入力内容
>
> 支配人・商号使用者・外国会社の日本における代表者の電子証明書の申請ファイル作成時の入力項目と，証明事項の内容は？

> **A 5**

支配人の電子証明書を請求する場合は，本店に代えて，登記された支配人を置いた営業所を入力し（末尾に「（支配人を置いた営業所）」と入力），資格は「支配人」とします。

商号使用者（個人商人）については，本店に代えて，登記された営業所を入力し（末尾に「（営業所）」と入力），資格は「商号使用者」とします。

外国会社の日本における代表者の電子証明書を請求する場合は，本店は，

外国（本国）の本店を入力し（日本における営業所ではありません），資格は，「日本における代表者」とします。

申請ファイルの内容に呼応し，下記が各証明事項となります。

被証明者	本店／主たる事務所	被証明者の資格
支配人	登記された「支配人を置いた営業所」が記載されます。 ※末尾に，（支配人を置いた営業所）と付記されます。	支配人
商号使用者	登記された「営業所」が記載されます。 ※末尾に，（営業所）と付記されます。	商号使用者
外国会社の 日本における代表者	外国の本店が記載されます。	日本における代表者

Q6 代表社員が法人の合同会社の資格及び氏名

代表社員が法人である合同会社の電子証明書には，代表者の資格及び氏名はどのように記録されますか。

A6

資格は「代表社員」と記録され，氏名は「代表社員である法人の本店」＋「代表社員である法人の商号」＋「職務執行者」＋「職務執行者の氏名」が続けて記録されます（記録例：東京都千代田区大手町三丁目4番5号株式会社東京パートナーズ職務執行者乙川次郎）。

Q7 従業員が請求する場合の委任状の要否

申請書の窓口提出やオンライン申請の送信を会社の従業員が行う場合，委任状は必要ですか。

A7

会社の従業員が，会社の代表者から「代理人」として意思決定や法律行為を委任されているのではなく，会社の代表者の指示により，申請書の窓口提出やオンライン申請の送信という事実行為を「使者」として行うだけなのであれば，代表者による本人申請として委任状は不要である旨が法務省HP[1]に示されています。この場合のオンライン申請は，申請人である代表者の電子署名のみで足り，従業員の電子署名は不要です。

Q 8　旧氏の記録

商業登記簿の役員欄に旧氏の記録がある代表者の電子証明書には，旧氏も記録されますか。

A 8

旧氏を記録することも記録しないことも可能です。

旧氏の記録を希望する場合は，証明書発行申請ファイル及び申請書の被証明者の氏名欄に，商業登記簿に記載されているとおり，「戸籍上の氏名（旧氏＋名）」と記載します。旧氏の記録を希望しない場合は，戸籍上の氏名のみ記載します。

Q 9　問合せ窓口

商業登記電子認証ソフトに関して問い合わせ窓口はありますか。

A 9

商業登記電子認証ソフト含め，登記・供託オンライン申請システムの操作に関しては，サポートデスクが設置されています。

対応時間：月曜日から金曜日　8時30分から19時まで

　　　　　（国民の祝日・休日，年末年始を除く。）

対象・登記・供託オンライン申請システムの運用・操作全般

　　・申請用総合ソフト・署名プラグイン等，本システムからダウンロードできるソフト

　　・商業登記電子認証ソフト

メールフォーム[2]等で問合せが可能です。

1　参考：法務省「よくあるご質問・ご照会」

　　（https://www.moj.go.jp/MINJI/minji06_00034.html）

2　登記・供託オンライン申請システム「システムの操作に関するお問い合わせ」

　　（https://www.touki-kyoutaku-online.moj.go.jp/contact/concact_support.html）

①電子署名の方式（PDF 方式と XML 方式）

◆商業登記で利用できる電子署名の方式

商業登記で利用できる電子署名の方式は次の２通り
① PDF 方式
▶電子署名後に PDF ファイルとして保存されるオーソドックスな方式
▶ PDF ソフトの署名機能やクラウド型電子署名を使用して生成
▶ PDF ファイルを開けば，直感的に電子署名の確認が可（可視署名の場合）
▷複数のソフト導入の必要や初期設定や署名方法が手間な場合がある
▷ PDF ソフトや電子署名サービスの導入に費用がかかる場合が多い
▷電子署名の検証は別のソフトを要する場合が多い
② XML 方式
▶電子署名後に .xml ファイルを含む電子署名"フォルダ"が作成される方式
▶法務省の「申請用総合ソフト」で電子署名した際に生成される
▷ PDF ファイルを開いただけでは，電子署名を確認できない
　（フォルダ自体を「申請用総合ソフト」等で読み込んで検証が必要）
▶ほぼ「申請用総合ソフト」のみで足り，設定・署名も比較的シンプル
▶「申請用総合ソフト」で電子署名の検証まで可能

◆比較

	① PDF 方式	② XML 方式
保存形式	PDF ファイル（.pdf）	PDF フォルダ（.xml）
事前準備	各種ソフト・サービス	申請用総合ソフト
電子印影	設定可	なし
署名方法	多様	一通り・シンプル
検証方法	多様	一通り・シンプル
費用	有償のものが多い	無償

　商業登記で利用できる電子署名には，① PDF 方式と② XML 方式があります。以下に，特徴を記載しますので，会社（又はクライアント）としてのニーズや環境に合わせてどちらの方式で進めるかを検討ください。

① PDF 方式

　① PDF 方式は，PDF ソフトやクラウド型電子署名サービスを用いて電子署名を付与する一般的な形式です。署名したファイルは PDF ファイルとして保存されます。

　メリットとして，電子署名データと電子署名の対象ファイルが一体化しているため，扱いが容易です。PDF ソフトで署名済みの PDF ファイルを開くと，電子印影が確認でき（可視署名の場合），署名パネル等から署名や証明書の内容を確認が可能です（ただし，Adobe 社の信頼済み証明書に登録されていない電子証明書は署名エラー表示が出ます）。一方で，電子署名を行うソフト・プラグインの組合せや署名方法・検証方法が多様で複雑な点，PDF ソフト等のアップデートにより互換性の問題が生じ得る点がデメリットです。

② XML 方式

　② XML 方式は，法務省の「申請用総合ソフト」（無償）を利用して電子署名を付与する形式を指し，PDF ファイルと署名情報ファイル（XML 形式）が格納されたフォルダ（署名付き PDF フォルダ）が生成されます。

　電子署名データと電子署名の対象ファイルが別々のファイルで，対象の PDF ファイルを開いても電子署名の有無が分かりにくく（電子印影の設定不可），社内管理や対外取引での利用のしにくさがデメリットです。

　一方で，メリットは，電子署名を付与するには，「申請用総合ソフト」のみ準備すればよく（商業登記電子証明書の場合。マイナンバーカードの場合は，IC カードリーダー・JPKI ソフトが必要），シンプルな操作手順で電子署名から検証，さらには登記申請まで行えます。本人申請で登記を進める場合には XML 方式での電子署名が便利です。

　なお，XML 方式での電子署名は，電子公証（定款認証含む），成年後見登記，供託の添付情報や，書面申請時の CD-R に格納して提出する電磁的記録（公証人の電子署名ファイルを除く）に対しては，利用できない点に注意ください。

②商業登記電子証明書の電子署名に利用できるソフト

◆商業登記電子証明書の電子署名に利用できるソフト・サービス例

	ソフトウェア等	備考
1	Adobe Acrobat Pro/Standard（有料）又は Adobe Acrobat Reader（無料）[Adobe Inc.] 98 ～ 99 頁	• PDF 方式 • 標準搭載の署名機能を利用 • 署名検証は別ソフトが必要
2	SkyPDF Professional 7 for Legal（有料）[株式会社スカイコム]＋電子認証キット PRO（有料）[株式会社リーガル]	• PDF 方式 • 署名検証まで可
3	RSS-SR（有料）[株式会社リーガル] 102 ～ 103 頁	• PDF 方式 • クラウド上で電子署名が可 • 署名検証は別ソフトが必要
4	申請用総合ソフト（無償）[法務省] 104 ～ 105 頁	• XML 方式 • 署名検証まで可

商業登記電子証明書で電子署名を付与するためには，特定のソフトウェア・サービスの利用が必要です。上表は，商業登記電子証明書による電子署名時に利用できる代表的なソフトウェア・サービスの例です。以下，それぞれの特徴です。

1 Adobe Acrobat Pro/Standard 又は Adobe Acrobat Reader

Adobe Inc. の「Adobe Acrobat Pro/Standard」（有料）又は「Adobe Acrobat Reader」（無料）で PDF ファイルを開き，標準搭載されている電子署名機能（デフォルトセキュリティ方式）を利用する，もっともオーソドックスな署名方法です（98 ～ 99 頁）。

商業登記電子証明書による電子署名の検証を行う際は，別途，商業登記電子認証ソフトの利用が必要です（110 ～ 113 頁）。

2 SkyPDF Professional 7 for Legal と電子認証キット PRO

株式会社スカイコムの「SkyPDF Professional 7 for Legal」（有料）と株式会社リーガルの「電子認証キット PRO」（有料）のプラグインを併用して電子署名を付与する方法です。電子署名だけでなく電子署名の検証ま

で可能です。

　なお，同社の司法書士システム「権」ソフトウェア保守会員は，会員専用ページより「電子認証キット PRO」を無料でダウンロードが可能です。また，「権」には「電子認証キット PRO」と同等の機能が標準装備されています。

3　RSS−SR

　株式会社リーガルの「RSS-SR」（有料）を利用して，クラウド上で，対象のファイルに，電子署名を付与する方法です（102 〜 103 頁）。当事者型の電子署名においてハードルとなる，各種ソフト・プラグイン導入や初期設定の手間を解消できるメリットがあります。署名検証には，商業登記電子認証ソフト（110 〜 113 頁）や電子認証キット PRO（118 〜 119 頁）を利用します。

　なお，本サービスは，当初，司法書士事務所に導入が限られていましたが，2023 年 6 月より，司法書士に限らず誰でも利用できるプランが登場し，以降は，代理申請のみでなく，本人申請時でも RSS-SR を利用して添付情報への電子署名ができるようになりました。

4　申請用総合ソフト

　法務省の「申請用総合ソフト」（無償）を利用し，XML 方式での電子署名を付与する方法です（104 〜 105 頁）。電子署名した結果が PDF ファイルでなく，PDF フォルダ（XML ファイルと PDF ファイル）として保存されます。費用と手間を少なくして，簡単な手順で電子署名から検証まで行うことが可能です（116 〜 117 頁）。

第Ⅱ部　完全オンライン申請の準備

③電子署名の手順(PDF方式/Adobe Acrobat Reader等利用)

　以下，「Adobe Acrobat Pro/Standard/Reader」（Adobe Inc.）を利用して，商業登記電子証明書による電子署名（デフォルトセキュリティ方式）を行う手順です（PDF方式）。

手順

1/3 PDFファイルを開く

▶電子署名対象のPDFファイルを開く[1]。

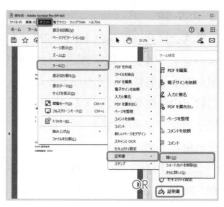

2/3 デジタルIDの作成

▶［表示］＞［ツール］＞［証明書］＞［開く］

※又はツールバーを表示し，証明書（万年筆アイコン）をクリック

▶「デジタル署名」をクリックし，署名位置をドラッグ

▶（デジタルIDで署名）「新しいデジタルIDを設定」

▶（署名に使用するデジタルIDの設定）「ファイルのデジタルIDを使用」を選択し「続行」

▶「参照」で商業登記電子証明書（拡張子.p12）を選択

▶デジタルIDのパスワード欄には，電子証明書パスワードを入力し，「続行」

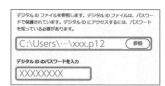

1　デフォルトの署名方法を変更している場合は，次頁の署名方法の設定を参照し，Adobeデフォルトセキュリティ方式に戻します

3/3　電子署名

▶署名に使用するデジタル ID
が追加されるので，選択して
「続行」

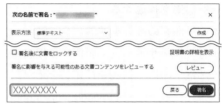

▶デジタル ID のパスワード欄
には，電子証明書パスワード
を再入力し，「署名」>「保
存」（印影を設定する場合は
次節参照）

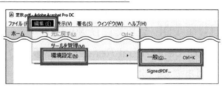

（以上で，電子署名は完了です[2]）

＊署名方法の設定（Adobe デフォルトセキュリティ方式）

▶ ［編集］>［環境設定］>
［一般］を選択
▶ ［署名］>［詳細］を選択

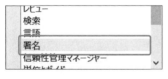

▶「デフォルトの署名方法」は「Adobe デフォルトセキュリティ」を選択
▶「デフォルトの署名形式」は「PKCS#7 - Detached」を選択し「OK」

2　「少なくとも 1 つの署名に問題があります」とのエラーは，Adobe 社の信頼済み証
明書に法務局の証明書が登録されていないことに起因し，電子署名に不備がない場合
でも表示される仕様です（証明書リストに登録すればエラー自体は消せます）。

第Ⅱ部　完全オンライン申請の準備

④ （参考）電子印影の設定（Adobe Acrobat Reader 等）

以下，「Adobe Acrobat Pro/Standard/Reader」に電子印影を設定する手順です。

手順

1/3 印影を作成する

▶電子印影の画像を準備

有料・無料サイト（下記例）で作成するか，自身でデザインします。

　　　電子印影（株式会社オンデオマ）

　　　（https://denshi-inei.join-app.online/stamp/home）

▶印影の画像ファイル（jpg, png 形式等）を PDF ファイルに変換

　（変換方法：画像ファイルを右クリックして「Adobe PDF に変換」又は「プログラムから開く」で「Adobe Acrobat DC」を選択し，名前を付けて PDF として保存等）。

2/3 Adobe Acrobat Reader 等で印影の設定を行う

▶「編集」＞「環境設定」＞「署名」

▶「作成と表示方法」の「詳細」をクリック

▶［表示方法］で「新規」を選択

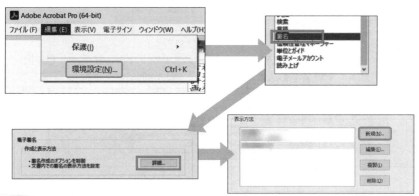

④（参考）電子印影の設定（Adobe Acrobat Reader 等）

▶適当な［タイトル］名を入力
▶［グラフィックの設定］で，
「取り込まれたグラフィック」
を☑し，準備した印影のファイ
ル（.pdf）を選択
▶［テキストの設定］の名前と日
付，ロゴとラベルの☑は不要で
あれば外して「OK」
（以上で，印影の設定は完了で
す）

3/3 電子署名

▶電子署名を付与する際（前述
99頁），［表示方法］のプルダ
ウンで作成したタイトル名を選
択

▶作成された印影が表示されるの
で，電子証明書パスワードを入
力して電子署名を完了します。

⑤電子署名の手順（PDF 方式 /RSS-SR 利用）

　以下，「RSS-SR」（株式会社リーガル）を利用して，商業登記電子証明書による電子署名を行う手順です（PDF 方式）。

手順

1/3 司法書士側

①「RSS-SR」に申込み，ログイン

②署名対象のファイルをアップロード

③署名設定，署名依頼を行う

2/3 クライアント側

①受信したメールの URL にアクセス

②SMS 認証をしてログイン

③ブラウザ上で文書確認し，商業登記
　電子証明書（.p12）で電子署名
　（以上で，電子署名は完了です）

3/3 司法書士側

①署名完了のメールを受信

②署名済みファイルをダウンロード

（備考）クラウド型電子署名サービスと RSS-SR の併用

　出席役員に加えて，会社実印相当の電子署名が必要となる取締役会議事録（代表取締役選定等を決議）には，クラウド型電子署名が付与された PDF ファイルに，RSS-SR を利用して，追加で商業登記電子証明書やマイナンバーカードで電子署名を付与することも可能です。

・RSS-SR とは

「RSS-SR」（株式会社リーガル）は，利用者（司法書士）による PDF ファイルへの電子署名依頼に応じて，クライアント（会社・法人や発起人等）が，自身の端末に保存される商業登記電子証明書（.p12 ファイル）やマイナンバーカードを用いて，ブラウザ上（マイナンバーカードの場合はスマホ）で電子署名を付与できるサービスです。

商業登記電子証明書やマイナンバーカードでの電子署名は当事者型（前述24 頁）にもかかわらず，PDF ソフトの導入・設定不要で，クラウド型電子署名と同じように署名作業を簡単に完結できる点に特色があります。

代理人の司法書士が本サービスを導入していれば（有料），クライアントは無料で電子署名を付与することが可能です。

なお，2023 年 6 月より，司法書士に限らず一般企業や個人でも利用できるプランが登場し，登記申請の代理時に限らず，会社自身での申請時や社内利用時にも本サービスを利用して電子署名を付与できるようにもなりました。

・RSS-SR の利点

クライアント側は，PDF ソフトやプラグインの導入や複雑な設定・更新が不要なうえ，簡単な操作で電子署名が行えます。司法書士側としても，電子署名手順の説明や不備のフォローに要していた時間を削減できるという点に魅力があります。

また，商業登記電子証明書だけでなく，マイナンバーカードでの電子署名（IC カードリーダー不要で NFC 対応のスマホで完結）も可能であるため，会社代表者だけでなく，代表者以外の役員・株式申込人・新株予約権者等の個人や会社設立時の発起人への電子署名にも利用が可能です（マイナンバーカードでの電子署名方法は，後述 136 頁）。

・RSS-SR の本人確認

2023 年 11 月 14 日より，RSS-SR に，犯収法に基づく本人特定事項の確認（非対面・オンライン）を行える機能が付与されました。マイナンバーカード等の証明書 IC チップ内の写真画像と自撮り画像を照合する方式と証明書券面の写真画像と自撮り画像を照合する方式にて本人確認が可能です（犯収法施行規則 6 条 1 項 1 号ヘ方式，ホ方式）。

第Ⅱ部　完全オンライン申請の準備

⑥電子署名の手順（XML 方式 / 申請用総合ソフト利用）

以下，「申請用総合ソフト」（法務省）を利用して，商業登記電子証明書による電子署名を行う手順です（XML 方式）。

手順

1/4 申請用総合ソフトを起動

▶ 申請者 ID・パスワードを入力しログイン[1]

▶ 「ツール」＞「PDF ファイルの署名」

2/4 ファイル・保存先の選択

▶ ［PDF ファイル］の「参照」で，電子署名する PDF ファイル[2][3]を選択[4]

▶ ［出力先］の「参照」で，ファイルの保存先を指定

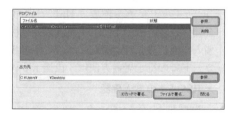

---

1 「登記・供託オンライン申請システム」未登録の場合は 68 ～ 69 頁参照。
　 ※ただし，電子署名機能は未登録のままでも利用可（申請用総合ソフトのログイン画面で ID・パスワードを入れずにキャンセル）
　 「申請用総合ソフト」未導入の場合は 70 ～ 71 頁参照。
2 Word 形式等のファイルは事前に PDF に要変換（Adobe Acrobat Pro/Standard の機能での PDF 変換を推奨。PDF 形式で「名前をつけて保存」，「Microsoft Print to PDF」で変換した場合，申請エラーが発生する事象があるため）。
3 電子署名済のファイルに追加で電子署名も可（205 頁枠内参照）。
4 「Ctrl」で複数ファイル選択可。

3/4 電子署名の付与

▶「ファイルで署名」から，商
業登記電子証明書のファイル
（.p12）を選択し，「開く」

▶アクセスパスワード欄に電子
証明書パスワード（半角英数
字 8 〜 30 文字，英数字混在）
を入力し，「確定」＞「OK」

▶「状態」が「署名付与完了」
となったことを確認
以上で，電子署名は完了です。

4/4 フォルダの確認

▶指定した出力先に同名のフォ
ルダ[5]が作成され，PDF ファ
イルと署名情報 XML ファイ
ルが格納されたことを確認

委任状.pdf　委任状.xml

第Ⅱ部　完全オンライン申請の準備

5　登記のオンライン申請時には，この署名付きフォルダを添付します（申請用総合ソ
フト「ファイル添付」＞「署名付き PDF フォルダ追加」）。

①署名検証とは何か / 署名検証の要素

◆資格者代理人としての署名検証の要素

❶電子署名の検証（改ざんされていないか）
＋
❷電子署名の主体（適格な者による適格な署名か）
＋
❸電子証明書の有効性（失効していないか，有効期間内か）
＋
❹電子証明書の種類（商業登記で利用可能か）

※1　商業登記電子証明書・マイナンバーカード・特定認証業務電子証明書・その他（クラウド型電子署名）に共通
※2　❶〜❹の順序は問わない（確認できる順で可）

・電子署名の検証とは何か

　電子署名の検証とは，電子署名を付与された電子文書を受け取った相手方が確認のためにとる措置をいいます。

　狭義では，電子署名が付与された電子文書に不正な改ざんがなされていないことの確認（非改ざん性）と，本人により署名が生成されたことの確認（本人性）を指し，広義では，電子証明書が失効していないこと及び有効期間内であること（有効性の確認）や電子証明書が信頼された認証局から発行されていることの確認まで含めて使用されます。

　電子署名の検証は，アナログで例えると，受け取った文書に押印された印影と印鑑証明書を照合し，印鑑証明書の作成日が一定期限内であるかを確認する行為に相当します。

　基本的に，商業登記の代理申請の場合に司法書士等がとる措置を想定して記載していますが，本人申請の場合でも，第三者から受領又は第三者と電子契約したファイル（株式申込証・合併契約書等）を添付情報とする際は，署名検証を行うとよいでしょう。

・署名検証は何をすべきか

　資格代理人として，司法書士は，電子署名済みの添付情報ファイルを受け取った場合に，❶電磁的記録の改ざんの有無，❷署名欄記載の者と電子

署名の署名者の同一性，❸電子証明書の有効性について，特に不審な点がないかどうかを確認すれば足りる旨を日本司法書士会連合会は示しています[1]。くわえて，❹商業登記のオンライン申請で利用できる電子証明書であることを確認するとよいでしょう（28頁，32～33頁表参照）。

　これら4つの検証は，商業登記法24条7号及び商業登記オンライン申請等事務取扱規程7条3号から7号までに定められる，登記申請の却下事由に相当しないことを確認する作業に呼応します。

・ 署名検証の要素

❶電子署名の検証（改ざんされていないか）

　添付情報の検証結果により，検証ができること及び改ざんされていないことを確認します。

❷電子署名の主体（適格な者による適格な署名か）

　添付情報の作成者として表示された者が作成者として適格であり，かつ，検証結果に当該添付情報に電子署名をした者として表示された者と一致しているかを確認します。具体的には，会社代表者が作成すべき文書であるのに代表者以外の記名となっていないか，代表者の記名となっているが代表者以外の者が電子署名した者として表示されていないか等の確認を行います。

❸電子証明書の有効性（失効していないか，有効期間内か）

　添付情報の検証結果により，当該電子証明書が電子署名を行った時（委任状情報についてはオンライン登記申請の受付時）において有効であったこと（存在し，有効期限内であり，失効せず，保留されていなかったこと）を確認します。

❹電子証明書の種類（商業登記で利用可能か）

　添付情報に電子署名を付与した電子証明書が商業登記規則102条3項，4項又は5項に規定するものであることを確認します（28頁，32～33頁表参照）。

1　日本司法書士会連合会「商業登記のオンライン申請において利用できる電子証明書に関するQ&A（Ver.3.0）」Q9（2023年3月23日）

②商業登記電子証明書の署名検証に利用できるソフト

◆商業登記電子証明書の署名検証に利用できるソフトウェア例

	ソフトウェア等	備考
1	Adobe Acrobat Pro/Standard（有料）又は Adobe Acrobat Reader（無料）[Adobe Inc.]＋商業登記電子認証ソフト（無償）[法務省] 110〜113頁	• PDF 方式のみ検証可 • PDF から証明書（.cer）抽出
2	SkyPDF Professional 7 for Legal（有料）[株式会社スカイコム]＋電子認証キットPRO（有料）[株式会社リーガル] 114〜115・118〜119頁	• PDF 方式，XML 方式に対応
3	各種登記申請ベンダーソフト（権・サムポローニア・司法くん等）	• 詳細は各ベンダーに確認ください
4	申請用総合ソフト（無償）[法務省] 116〜117頁	• XML 方式のみ検証可

　商業登記電子証明書[1]で電子署名を付与したファイルの署名検証を行うには，特定のソフトウェアの利用が必要です[2]。利用できるソフトウェアの例をまとめたものが上表です。PDF 方式と XML 方式のどちらで電子署名されたファイル又はフォルダであるかで利用するソフトウェアが異なります。以下，それぞれの特徴です。

1　マイナンバーカード電子証明書・特定認証業務電子証明書の検証も同様に特定のソフトウェアが必要です。

2　一方，クラウド型電子署名が付与されたファイルの検証は，PDF ソフトでファイルを開き署名パネルを参照すれば足りる場合が大半です。

1 Adobe Acrobat Pro/Standard/Reader＋商業登記電子認証ソフト

Adobe Inc. の「Adobe Acrobat Pro/Standard」（有料）又は「Adobe Acrobat Reader」（無料）と法務省の「商業登記電子認証ソフト」（無償）を併用する方法です（110～113頁）。PDFファイルから証明書を書き出す手間はあるものの，費用をかけずに商業登記電子証明書で署名済みPDFファイルの署名検証をすることが可能です。

PDFファイルを開き署名後改ざんされてないことを確認したのち，電子証明書（拡張子「.cer」）を抽出し，それを商業登記電子認証ソフトで検証するという二段階の手順をとります。

2 SkyPDF Professional 7 for Legal＋電子認証キット PRO

株式会社スカイコムの「SkyPDF Professional 7 for Legal」（有料）と株式会社リーガルの「電子認証キット PRO」（有料）を併用する方法です（114～115頁）。上述1のように証明書を書き出す必要がなく，SkyPDFでPDFファイルを開くだけで，署名検証が可能です。また，電子認証キット PRO 単体で，申請用総合ソフトにて XML 方式で電子署名されたフォルダを検証することも可能です。

3 各種登記申請ベンダーソフト（権・サムポローニア・司法くん等）

株式会社リーガルの「権」，株式会社サムポローニアの「サムポローニア 9/9 CLOUD」，ピクオス株式会社の「司法くん」等，司法書士が利用する各種登記申請ベンダーソフトにおいても，商業登記電子証明書で署名された PDF ファイルの検証が可能です。詳細については各ベンダーに確認ください。

4 申請用総合ソフト

法務省の「申請用総合ソフト」（無償）で電子署名されたフォルダ（XML 方式）は，同じく申請用総合ソフトで署名検証することが可能です（116～117頁）。自身が作成した電子署名フォルダの検証だけでなく，第三者から受け取った電子署名フォルダの検証も可能です。

③署名検証の手順（PDF 方式 / 商業登記電子認証ソフト利用）

　以下，商業登記電子証明書で電子署名が付された PDF ファイルを，「商業登記電子認証ソフト」（法務省。概要は 63 頁）を利用して検証を行う手順です。

　概観として，PDF ファイルを開き署名後改ざんされてないことを確認したのち，電子証明書（拡張子「.cer」）を抽出し，それを商業登記電子認証ソフトで検証するという二段階の手順をとります。

手順

1/5 PDF ファイルを開く

▶ PDF ファイルを開いて，
　署名パネルをクリック

▶バージョンを右クリックし，
　「署名のプロパティを表示」

▶署名プロパティで「文書は，
　この署名が適用されてから
　変更されていません」という文
　言が表示されていれば OK
　（❶電子署名の検証）

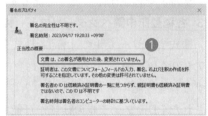

2/5 電子証明書の抽出

▶電子印影（又は Adobe ロゴ等）
　を右クリックして「署名のプロ
　パティを表示」を選択

1　なお，「署名の完全性は不明です」等のエラーが表示されますが，これは Adobe 社の信頼済み証明書として法務局の証明書が登録されていないことに起因し，電子署名に不備がない場合でも表示される仕様です（証明書リストに登録すればエラー自体は消せます）。

▶署名のプロパティ画面から「署名者の証明書を表示」

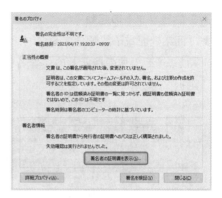

▶証明書ビューア画面の概要タブにある「書き出し」

▶データ交換ファイル‐証明書の書き出し画面から「書き出したデータをファイルに保存」を選び,「証明書ファイル」を選択して「次へ」

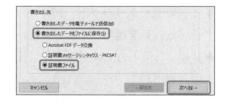

▶ファイル名「CertExchange.cer」を任意の場所に「保存」「次へ」「完了」

第Ⅱ部　完全オンライン申請の準備

3/5 認証ソフトの起動

▶「商業登記電子認証ソフト」（未インストールの場合は 62 頁参照）を起動し，「その他の機能」の「署名者の電子証明書表示・有効性確認」を選択

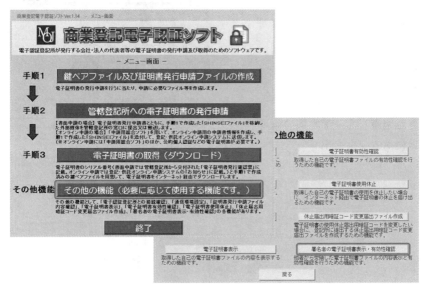

4/5 ファイルの選択

▶「参照」をクリックし，PDF から抽出した電子証明書ファイル（拡張子「.cer」）を選択

▶「確認日時入力」は空欄で可（日時を指定して有効性を確認したいときのみ利用）

▶「電子証明書表示・有効性確認実行」

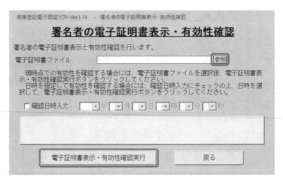

5/5　有効性の確認

▶電子証明書の内容及び有効性の確認を行います。

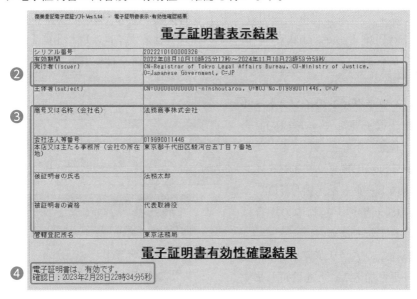

❶電子署名の検証（改ざんされていないか）　済（110 頁 1/5 参照）

❷電子証明書の種類の確認（商業登記で利用できるか）

　発行者が『CN=Registrar of Tokyo Legal Affairs Bureau』の記載により，電子認証登記所（東京法務局）登記官より発行される商業登記電子証明書であることを確認します。

❸電子署名の主体の確認（適格な者による適格な署名か）

　電子文書に記名した者（代表者等）に対して発行された電子証明書で電子署名がなされたことを，証明書の内容（商号・会社法人等番号・本店・被証明者・被証明者の資格）と登記簿等との一致で確認します。

❹電子証明書の有効性確認（失効していないか，有効期間内か）

　「電子証明書は，有効です。」と表示されていることを確認します。

　（無効・保留等のメッセージが表示される場合は 120 頁で原因を確認）

第Ⅱ部　完全オンライン申請の準備

113

④署名検証の手順（PDF 方式 / 電子認証キット PRO 利用）

　以下，商業登記電子証明書で電子署名が付された PDF ファイルを，「SkyPDF Professional 7 for Legal」（株式会社スカイコム）と「電子認証キット PRO」（株式会社リーガル）を利用して検証を行う手順です。

手順

1/3 プラグインのインストール

▶「電子認証キット PRO」を起動

▶「SkyPDF プラグインをインストール」を選択し「OK」（SkyPDF を起動中の場合は終了して進める）

▶「このアプリがデバイスに変更を加えることを許可しますか」＞「はい」

▶「プラグインのインストールに成功しました」＞「OK」

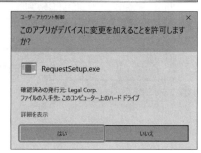

2/3 PDF ファイルを開く

▶署名検証したい PDF ファイルを右クリックし「プログラムから開く」＞「SkyPDF 7」を選択

▶商業登記電子証明書により電子署名された印影をクリック（不可視署名の場合は「ツール」＞「署名履歴」＞「署名検証」）

3/3 検証結果の確認

▶ 署名検証状況が有効で
あること（❶電子署名
の検証）を確認[1]

▶「証明書有効性確認」
から，電子証明書の状態が有効で
あることを確認（❷電子証明書の
有効性確認）

▶「証明書詳細表示」から，電子証
明書が，署名者である会社代表者
等（❸電子署名の主体）に対して，
東京法務局登記官が発行したもの
（❹電子証明書の種類）であるこ
とを確認

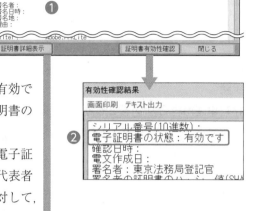

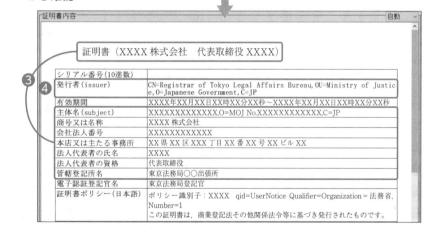

証明書（XXXX 株式会社　代表取締役 XXXX）

シリアル番号(10進数)	
発行者(issuer)	CN=Registrar of Tokyo Legal Affairs Bureau,OU=Ministry of Justice,O=Japanese Government,C=JP
有効期間	XXXX年XX月XX日XX時XX分XX秒～XXXX年XX月XX日XX時XX分XX秒
主体名(subject)	XXXXXXXXXXXXXX,O=MOJ No.XXXXXXXXXXXX,C=JP
商号又は名称	XXXX 株式会社
会社法人番号	XXXXXXXXXXX
本店又は主たる事務所	XX 県 XX 区 XXX 丁目 XX 番 XX 号 XX ビル XX
法人代表者の氏名	XXXX
法人代表者の資格	代表取締役
管轄登記所名	東京法務局○○出張所
電子認証登記官名	東京法務局登記官
証明書ポリシー(日本語)	ポリシー識別子：XXXX　qid=UserNotice Qualifier=Organization＝法務省，Number=1 この証明書は，商業登記法その他関係法令等に基づき発行されたものです。

1　署名者欄に氏名が表示される場合は，電子文書作成名義人と異ならないかを確認
（❸電子署名の主体）。Acrobat 等で電子署名した場合は，署名者欄には，数字（登記
所で使用される役員番号というコード）が表示され，氏名は表示されません。

⑤署名検証の手順（XML 方式 / 申請用総合ソフト利用）

　以下，「申請用総合ソフト」（法務省）を利用して，商業登記電子証明書で電子署名（XML 方式）が付されたフォルダを，同ソフトを利用して検証を行う手順です。

手順

1/3 申請用総合ソフトを起動

▶申請者 ID・パスワードを入力しログイン[1]

▶「ツール」＞「電子公文書の検証」[2]

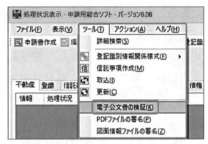

2/3 PDF フォルダの選択

▶「参照」で，署名検証する PDF フォルダを選択

▶「電子公文書検証」をクリック

3/3 検証結果の確認

以下を確認します。

❶電子署名の検証

❷電子証明書の有効性

❸電子証明書の種類

❹電子署名の主体

1　「登記・供託オンライン申請システム」未登録の場合は 68 頁参照，「申請用総合ソフト」未導入の場合は 70 頁参照（なお，署名検証の利用時間は平日 8 時 30 分から 21 時まで）。

2　署名検証する対象は「電子公文書」ではないが，本項目から検証は進めます。

❶電子署名の検証（改ざんされていないか）

電子書面検証結果欄に「電子公文書の内容は，変更・改ざんされていません。」と表示されていれば OK です。

❷電子証明書の有効性確認（失効していないか）

電子証明書の有効性を確認します。電子証明書検証結果欄に，

「結果　OK　（この電子署名には，有効な電子証明書が使われています。）

　内容　この電子証明書は信頼された認証局から発行されています。

　　　　この電子証明書は失効していません。

　　　　この電子証明書は有効期限が切れていません。」

と表示されていれば OK です[3]。

❸電子証明書の種類の確認（商業登記で利用できるか）

基本領域の発行者欄の『CN=Registrar of Tokyo Legal Affairs Bureau』との記載より，電子認証登記所（東京法務局）登記官より発行される商業登記電子証明書であることを確認します。

❹電子署名の主体の確認（適格な者による適格な署名か）[4]

基本領域の所有者欄の『O=MOJ No.XXXXXXXXXXXXX,』とある 12 桁の数字が，電子証明書の所有者の会社法人等番号に当たります。履歴事項証明書（登記簿）等で，電子文書の作成名義人の会社の会社法人等番号と相違ない事を確認します。

第Ⅱ部　完全オンライン申請の準備

3　失効している場合は以下のとおり表示されます。
　「結果　この電子署名には，失効または有効期限切れの電子証明書が使われています。
　　内容　この電子証明書は失効または有効期限が切れています。」

4　XML 方式の場合，電子署名者が表示されないため，電子署名に付与された電子証明書の所有者を確認します。

⑥署名検証の手順（XML 方式 / 電子認証キット PRO 利用）

　以下，「申請用総合ソフト」（法務省）を利用して，商業登記電子証明書で電子署名（XML 方式）が付されたフォルダを，「電子認証キット PRO」（株式会社リーガル）を利用して検証を行う手順です。

手順

1/2 ソフトの起動

▶電子認証キット PRO を起動し，「XML 署名付き添付書類の署名検証」

▶署名済 PDF フォルダ内の .xml ファイルを選択

2/2 検証結果の確認

▶電子署名検証結果欄で検証結果が有効であることを確認（❶電子署名の検証）

▶署名者欄「O=MOJ No.」に続く 12 桁の数字が，電子文書の作成者（代表者等）の会社法人等番号と一致することを確認（❷電子署名の主体の確認）

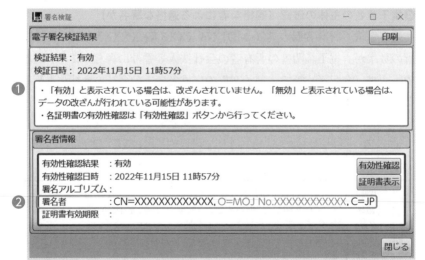

▶署名者情報欄の「有効性確認」を選択

▶電子証明書が現在も有効であることを確認（❸電子証明書の有効性）

▶署名者情報欄の「証明書表示」を選択

▶電子証明書が，電子文書の作成者（代表者等）（❷電子署名の主体）に対して，東京法務局登記官が発行したもの（❹電子証明書の種類）であることを確認

（参考）電子証明書の有効性確認時の結果のメッセージ

（商業登記電子認証ソフトで有効性確認した場合の事例）

No.	結果	画面に表示されるメッセージ	事項
1	有効	電子証明書は，有効です。	No.2からNo.9までのいずれにも該当しないとき
2	無効	電子証明書は，無効の状態です。電子証明書の使用の廃止の届出がされています。	電子証明書の使用廃止の届出があったとき（商登法12条の2第7項）
3	無効	電子証明書は，無効の状態です。電子証明書に表された登記事項に変更が生じました。	電子証明書に記録された登記事項に変更を生ずる登記がされたとき（商登規33条の12第1項2号）
4	無効	電子認証登記所の事故により，電子証明書に係る証明を行うことができません。	電子認証登記所の事故により証明をするのが相当でなくなったとき（商登規33条の16第1項）
5	無効	電子認証登記所の事故以外の事由により，電子証明書に係る証明を行うことができません。	電子認証登記所の事故以外の事由により証明をするのが相当でなくなったとき（商登規33条の16第1項）
6	保留	電子証明書は，保留の状態です。電子証明書に表された登記事項に変更を生ずる登記の申請が受け付けられました。	電子証明書に記録された登記事項に変更を生ずる登記の申請がされているとき（商登規33条の12第1項1号）
7	保留	電子証明書は，保留の状態です。電子証明書の使用の休止の届出がされています。	電子証明書の使用の休止の届出がされているとき（商登規33条の13第1項）
8	保留	電子証明書は，保留の状態です。電子証明書に表された登記事項に変更を生ずる登記の申請が受け付けられ，かつ，電子証明書の使用の休止の届出がされています。	No.6及びNo.7のいずれにも該当するとき
9	期限切れ証明書なし	電子証明書の証明期間が経過している（有効期限切れ）又は，電子認証登記所以外の認証局が発行した電子証明書が指定されている可能性があります。	電子証明書の証明期間が経過しているとき又は電子認証登記所以外の認証局が発行した電子証明書が選択されているとき

出典：法務省民事局商事課「商業登記電子認証ソフト操作手引書（第2.5版）」（令和5年3月）より作成

▶無効・保留・期限切れの場合は，商業登記電子証明書の再発行又はマイナンバーカード等の別の電子証明書での電子署名の可否を検討します。

=**第Ⅰ部**=**第Ⅱ部**=**第Ⅲ部**=

商業登記完全オンライン申請の準備

序　概要

Ⅰ　商業登記電子証明書

Ⅱ　マイナンバーカード

Ⅲ　特定認証業務電子証明書

Ⅳ　その他（クラウド型電子署名）

Ⅱの章では，マイナンバーカードの電子証明書について，その ⅰ 概要, ⅱ 取得, ⅲ 署名, ⅳ 検証の4つのパートに区分して詳解します。

①マイナンバーカードとは

マイナンバーカードの概要

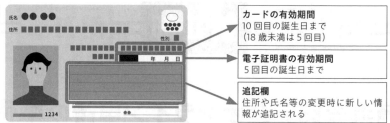

カードの有効期間
10回目の誕生日まで（18歳未満は5回目）

電子証明書の有効期間
5回目の誕生日まで

追記欄
住所や氏名等の変更時に新しい情報が追記される

マイナンバーカードが失効する場合（番号法施行令14条）

- 国外に転出したとき
- 転出時に転入届を出さなかったとき
 （引越しの際，転出予定日から30日又は転入した日から14日を経過）
- 転入時にカードを出さなかったとき
 （引越しの際，転入先の市区町村でカードの提出を行うことなく90日を経過したとき，又はその転入先市区町村から転出したとき）
- 死亡したとき
- 返納したとき 等

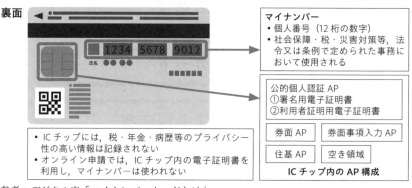

マイナンバー
・個人番号（12桁の数字） ・社会保障・税・災害対策等，法令又は条例で定められた事務において使用される

公的個人認証AP
①署名用電子証明書 ②利用者証明用電子証明書

券面AP	券面事項入力AP
住基AP	空き領域

ICチップ内のAP構成

- ICチップには，税・年金・病歴等のプライバシー性の高い情報は記録されない
- オンライン申請では，ICチップ内の電子証明書を利用し，マイナンバーは使われない

参考：デジタル庁「マイナンバーカードとは」

（https://www.digital.go.jp/policies/mynumber/pros-and-safety/）

・マイナンバーカードとは

　マイナンバーカードは，番号法に基づき発行される，顔写真付のカードです。

　表面には，氏名・住所・生年月日・性別・顔写真・電子証明書の有効期限の記載欄・セキュリティコード・サインパネル領域（追記欄）・臓器提供意思表示欄が，裏面には，マイナンバー（住民票を有する者全てに付与

される住民票コードを変換して作られた12桁の個人番号）が記載されています。裏面のICチップには、「署名用電子証明書」と「利用者証明用電子証明書」という、公的個人認証サービスによる2つの電子証明書が搭載されています（詳細は次節）。

　有効期間は、発行日から10回目の誕生日まで（18歳未満の場合は、発行から5回目の誕生日まで）です。

・保有数

　マイナンバーカードの保有枚数は、9115万件（2023年10月末時点）[1]に達し、運転免許の保有者数8184万件（2022年末時点）[2]を越えて普及が進んでいます。なお、マイナンバーカードと運転免許証との一体化が、2024年度末に予定されています[3]。

・用途

　公的な身分証明書として利用できるほか、各種行政手続のオンライン申請、コンビニ等での各種証明書の取得、マイナポータルを通じた行政手続き、健康保険証としての利用・パスポート申請での利用等、その利活用のシーンは拡張し続けています。2024年度には国外継続利用、2025年度には在留カードとの一体化が予定されています[3]。

　商業登記手続においては、取締役等就任時の本人確認証明書としてマイナンバーカード表面（写真面）の写しを利用できるほか（商登規61条7項）、カード内の署名用電子証明書を用いて申請情報や添付情報に電子署名を行い、オンライン申請に利用することが可能です（商登規102条3項2号）。

第Ⅱ部　完全オンライン申請の準備

参考：総務省「マイナンバー制度とマイナンバーカード」
　　　（https://www.soumu.go.jp/kojinbango_card/03.html）
1　デジタル庁「政策データダッシュボード（ベータ版）」
　　（https://www.digital.go.jp/resources/govdashboard/）
2　警察庁「運転免許統計」
　　（https://www.npa.go.jp/publications/statistics/koutsuu/menkyo.html）
3　デジタル庁「デジタル社会の実現に向けた重点計画」（2023年6月9日）
　　（https://www.digital.go.jp/policies/priority-policy-program/）

②2種類の電子証明書（署名用と利用者証明用）

◆マイナンバーカードの電子証明書の比較

	署名用電子証明書	利用者証明用電子証明書
イメージ	個人実印	ID
用途	e-Tax 等の電子申告や登記のオンライン申請の際に，なりすましやデータの改ざんがないことを証明する	マイナポータル等の各種 Web システムログインの際に，利用者本人であることを証明する
利用者情報	• 発行番号（署名用） • 公開鍵（署名用） • 有効期間 • 基本4情報（氏名，住所，生年月日，性別）	• 発行番号（利用者証明用） • 公開鍵（利用者証明用） • 有効期間
暗証番号*¹	6～16桁の半角英数字 • 英数字混在，英字は大文字 • 5回連続間違えるとロック（コンビニ端末で解除可）	4桁の数字 • 3回連続間違えるとロック
有効期間	発行日から5回目の誕生日まで ※15歳未満には原則発行不可	発行日から5回目の誕生日まで
失効*²	住所変更・氏名変更で失効する	住所変更・氏名変更で失効しない

*¹ その他に，住民基本台帳用パスワード（4桁数字，住所変更時等に使用），券面事項入力補助用パスワード（4桁数字，マイナポータル等で利用）があり，計4つのパスワード（暗証番号）があります。

*² ①マイナンバーカード自体の有効期間満了，②電子証明書の有効期間満了，③本人死亡・国外転出等（住民票消除時）及び④本人申出の際は，どちらの証明書も失効します。

　マイナンバーカードには2種類の電子証明書（署名用・利用者証明用）が格納されています。

• 署名用電子証明書（暗証番号：6～16桁の半角英数字）

　主に，行政機関への電子申請時やオンラインバンキング等の登録時に利用されています。**商業登記のオンライン申請の電子署名で利用する電子証明書です。**

　署名用電子証明書を利用して電子署名を付与した電子文書は，電子署名法3条（電子的記録の真正な成立の推定）の対象となり得るものです。す

なわち，本人による一定の要件を満たす電子署名が行われた電子文書は，真正に成立したもの（本人の意思に基づき作成されたもの）と推定されます[2]。

証明書の情報に基本4情報（住所，氏名，性別，生年月日）が含まれるため，これらが転居や結婚等で変更された場合は失効します（転居の場合は，転居先の市区町村窓口にて，氏名変更の場合は住民票のある市区町村窓口にて手続します）。

暗証番号（6〜16桁の半角英数字）を5回連続で間違えるとロックがかかります。住民票のある市町村窓口で再設定を行うか，スマホのアプリとコンビニ端末を用いてパスワードの初期化が可能です[3]。

なお，2023年5月11日より，マイナポータルアプリから署名用電子証明書を利用して，スマホ（Android）に電子証明書（スマホ用署名用電子証明書とスマホ用利用者証明用電子証明書の2種類）を搭載できるサービスが始まりました。

• 利用者証明用電子証明書（暗証番号：4桁の数字）

主に，行政のWebサイト（マイナポータル等）にログイン時やコンビニ交付（印鑑証明書等）サービスを受ける際に利用されており，利用者本人であることを確かめることができます。

証明書の情報に基本4情報（住所，氏名，性別，生年月日）が含まれないため，これらが変更された場合でも失効しません。

暗証番号（4桁の数字）を3回間違えるとロックがかかります。住民票のある市町村窓口で再設定が必要となります。

---

1 電子証明書の更新について：有効期限3か月前の翌日から（例えば6月6日誕生日の場合は3月7日から）受付窓口にて更新申請が可能。
2 デジタル庁「民間事業者におけるマイナンバーカードを用いた公的個人認証サービス（JPKI）導入・利用のご紹介」
　（https://www.digital.go.jp/policies/mynumber/private-business/jpki-introduction/）
3 公的個人認証サービスポータルサイト「署名用パスワードをコンビニで初期化」
　（https://www.jpki.go.jp/jpkiidreset/howto/index.html）

③公的個人認証制度

◆公的個人認証制度の全体像

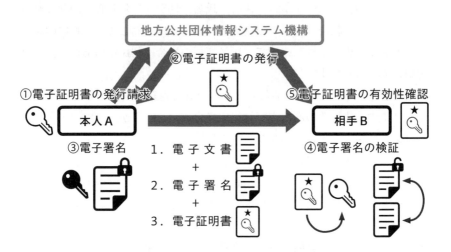

・公的個人認証サービス（JPKI）とは

　公的個人認証サービス（以下「JPKI」という）とは，マイナンバーカードのICチップに搭載された電子証明書を利用し，成りすまし，改ざん，送信否認の防止を担保し，インターネット上での本人確認や電子申請等を可能とするものです。公的個人認証法に基づき，国と地方公共団体が共同で管理する法人である地方公共団体情報システム機構（以下「J-LIS」という）により運営されています。

　JPKIは，商業登記に基づく電子認証制度（前述50頁）と同じく，公開鍵暗号方式を採用しており，秘密鍵を利用して署名を行って公開鍵で検証を行います。JPKIでは，認証局がJ-LISとなる点，個人に対して証明書が発行される点及び署名検証者等が公的個人認証法で限定される点に特色があります。JPKIは，商業登記電子証明書と同様，行政機関の手続で幅広く利用が可能です。

④商業登記オンライン申請での役割

◆代表者が利用できる電子証明書の変遷（商業登記オンライン申請）

	従前	2021 年 2 月 15 日以降
(1)商業登記電子証明書	○	○（申請情報・全ての添付情報）
(2)マイナンバーカード	×	○（申請情報・全ての添付情報）
(3)特認証（セコム）	×	○（申請情報・全ての添付情報）
(4)その他（クラウド型）	×	○（実印不要の添付情報）

• **商業登記オンライン申請におけるマイナンバーカードの役割の拡大**

　2021 年 2 月 15 日商業登記規則等の改正により，オンライン申請におけるマイナンバーカードの役割は飛躍的に拡大しました。

　従来，代表者の電子署名は，申請情報及び全ての添付情報に対して，商業登記電子証明書によることに限られていましたが，本改正により，代表者のマイナンバーカードによることも可能となりました（上表）。代表者のマイナンバーカードが，個人実印に加えて，会社実印としての役割も果たすようになり，商業登記の完全オンライン申請の敷居は格段に下がりました。

　本改正の 2021 年 2 月時点ではマイナンバーカードの人口に対する交付率は 25％程度でしたが，2023 年 10 月末時点で人口保有比率 72.7％（累計交付枚数は約 9600 万枚）まで伸長しており[1]，完全オンライン申請ができる環境下にある企業が相当数増大しているものと見込まれます。

第Ⅱ部　完全オンライン申請の準備

1　参考：総務省「マイナンバーカード交付状況について」
　　（https://www.soumu.go.jp/kojinbango_card/kofujokyo.html）

⑤マイナンバーカードの商業登記利用と本人確認

◆商業登記オンライン申請で利用可の電子証明書

本人申請時	申請情報	添付情報	
		（実印要）	（実印不要）
(1)商業登記電子証明書	○	○	○
(2)マイナンバーカード	○	○	○
(3)特定認証業務電子証明書*1	△*2	○	○
(4)その他（クラウドサイン等）	×	×	○

代理申請時	申請情報	添付情報		
		（委任状）	（実印要）	（実印不要）
(1)商業登記電子証明書	○	○	○	○
(2)マイナンバーカード	○	○	○	○
(3)特定認証業務電子証明書*1	○	△*2	○	○
(4)その他（クラウドサイン等）	×	×	×	○

*1　氏名及び住所を確認できるもの
*2　セコムパスポート for G-ID のみ可（氏名，住所，出生年月日を確認できるもの）

•商業登記申請等での利用

　商業登記のオンライン申請において，マイナンバーカードの署名用電子証明書は，商業登記電子証明書と同様に，申請情報（補正情報・取下情報を含む）と添付情報（委任状を含む）に対して電子署名を付与して送信することが可能です。また，第Ⅲ部で解説する，定款認証含む電子公証や印鑑届出，印鑑証明書請求時の電子署名にも利用が可能です。

　商業登記電子証明書との主な相違点としては，以下が挙げられます。

　　1　無料で取得が可

　　2　代表者以外も取得でき，電子署名が可

　　3　普及率が高い（人口保有比率72.7%　※ 2023 年 10 月末時点）

　　4　電子署名には原則 IC リーダーが必要

　　5　電子署名の検証方法が限られている

マイナンバーカードは，オンラインでの登記申請への利用だけでなく，本人確認の手段としても有用です。

・（参考）オンライン上の本人確認

オンライン上での本人確認は，「身元確認」と「当人認証」の２つの要素に分けて理解されます。

「身元確認」は，身分証の氏名・住所・生年月日等が正しいことを確認すること（実在性の確認）で，「当人認証」は認証の３要素[1]のいずれかの照合で，その人が作業していることを示すこと（当人性の確認）と定義されます[2]。

マイナンバーカードによるオンライン上の本人確認は，身元確認（署名用電子証明書）においても，当人認証（利用者用電子証明書による知識（パスワード）と所持（カード＝耐タンパ性を有するハードウェアトークン）による２要素認証）においても，最高位の本人確認レベル（IAL3，AAL3）と評価されています[3]。

なお，犯収法上，司法書士を含む特定事業者には，特定取引（例：設立・役員変更・定款変更等の商業登記依頼の受任）に際して，本人確認（取引時確認）の義務が課せられていますが（後述238頁），非対面での本人確認については，公的個人認証に原則一本化する旨が，デジタル庁により示されています[4]。

第Ⅱ部　完全オンライン申請の準備

1　認証の３要素：①「生体」（顔・指紋など），②「所持」（マイナンバーカードなど），③「知識」（パスワードなど）。

2　経済産業省「オンラインサービスにおける身元確認手法の整理に関する検討報告書」（https://www.meti.go.jp/press/2020/04/20200417002/20200417002.html）
OpenID ファウンデーション・ジャパン「民間事業者向けの業界横断的なデジタル本人確認のガイドラインが公開されました」
（https://www.openid.or.jp/news/2023/03/kycwg.html）

3　各府省情報化統括責任者（CIO）連絡会議決定「行政手続におけるオンラインによる本人確認の手法に関するガイドライン」（2019年２月25日）

4　デジタル庁「デジタル社会の実現に向けた重点計画」（2023年６月９日）54頁
（https://www.digital.go.jp/policies/priority-policy-program）

①マイナンバーカードの取得手順

以下，マイナンバーカードの取得手順です。

手順

1/3 マイナンバーカードの申請

個人番号通知書（住民票住所に簡易郵便で届くものです）が手元にある場合は以下のいずれかの方法を採ります[1]。

○郵送申請

①個人番号通知書同封の交付申請書に必要事項を記入[2]し，6か月以内に撮影した顔写真を貼付
②同封の返信用封筒に入れて郵送し，申請完了

○オンライン申請（スマホ・パソコンいずれでも可）

①QRコード（個人番号通知書記載）読み取り
②申請書ID（個人番号通知書記載），メールアドレス登録
③顔写真，申請情報[3]を登録

○証明写真機での申請

①タッチパネルから「個人番号カード申請」を選択
②撮影用の料金を投入し，QRコード（個人番号通知書記載）をかざす
③画面の案内に従い，必要事項を入力
④顔写真を撮影して送信し，申請完了

1　代理申請は原則不可。ただし，15歳未満及び成年被後見人は，法定代理人による代理申請が必要です。なお，特別な理由がある場合は，市区町村長が認める任意代理人により申請が可能です。
2　電子証明書の記載欄は□は塗り潰さずにそのまま（証明書の発行を希望しない場合のみ塗り潰す）。
3　電子証明書発行希望有無の欄はチェックをしない（証明書の発行を希望しない場合のみチェックをする）。

　個人番号通知書がない場合は，マイナンバーカード総合サイトから交付申請書をダウンロードし印刷，マイナンバーを記入のうえ，郵送申請します。マイナンバーが分からない場合は，住民票のある市区町村窓口にて申請書 ID が記載されたマイナンバーカード交付申請書を入手します。

2/3　交付通知書が届く

　申請後，審査を経て概ね 1 か月ほどで交付通知書（はがき）が届きます。

3/3　交付場所で受け取る

　交付通知書（はがき）の記載内容を確認の上，必要な書類[4]を持参し，期限までに交付場所に訪問します。窓口で本人確認の上，暗証番号[5]を設定し，マイナンバーカードを受け取ります[6]。

4　マイナンバーカードの受け取りに必要な書類
　　❶交付通知書（はがき）　❷「通知カード」（令和 2 年 5 月以前の交付者のみ）　❸本人確認書類　❹住民基本台帳カード（所有者のみ）　❺マイナンバーカード（所有者のみ）
　　このうち，❸本人確認書類は，以下のとおり。
①住民基本台帳カード（写真付き）・運転免許証・運転経歴証明書（交付年月日が平成 24 年 4 月 1 日以降のもの）・旅券・身体障がい者手帳・精神障がい者保健福祉手帳・療育手帳・在留カード・特別永住者証明書・一時庇護許可書・仮滞在許可書のうち 1 点
②これらがない場合は，「氏名・生年月日」又は「氏名・住所」が記載され，市区町村長が適当と認めるもの
　　（例）健康保険証，年金手帳，社員証，学生証，学校名が記載された各種書類，医療受給者証

5　暗証番号

・署名用電子証明書 （電子署名する際に使用）	・英数字 6 文字以上 16 文字以下 ・英数字の混在必須，英字は大文字の A から Z まで，数字は 0 から 9 まで利用可
・利用者証明用電子証明書 ・住民基本台帳 ・券面事項入力補助用	数字 4 桁 同じ暗証番号を設定することも可

6　代理受領は原則不可。本人が病気，身体の障がいその他のやむを得ない事情により，交付場所に赴くことが難しい場合のみ。

①マイナンバーカードの電子署名に利用できるソフト

◆マイナンバーカードの電子署名に利用できるソフト・プラグイン例

	ソフトウェア等	備考
1	JPKI PDF SIGNER（無料）［個人フリーソフト］ ＋JPKI ソフト（無償）［J-LIS］　134 ～ 135 頁	• PDF 方式 • 要 IC リーダー • 署名が簡単
2	RSS-SR（有料）［株式会社リーガル］ 　136 ～ 137 頁	• PDF 方式 • IC リーダー不要 • スマホで署名可
3	SkyPDF Professional 7 for Legal（有料）［株式会社スカイコム］ ＋電子認証キット PRO（有料）[株式会社リーガル] ＋JPKI ソフト（無償）［J-LIS］　138 ～ 139 頁	• PDF 方式 • 要 IC リーダー
4	Adobe Acrobat Pro/Standard（有料）[Adobe Inc.] ＋PDF 署名プラグイン（無償）［法務省］ ＋JPKI ソフト（無償）［J-LIS］　140 ～ 145 頁	• PDF 方式 • 設定が煩瑣 • 要 IC リーダー
5	申請用総合ソフト（無償）［法務省］ ＋JPKI ソフト（無償）［J-LIS］　146 ～ 150 頁	• XML 方式 • 要 IC リーダー • 署名が簡単

　マイナンバーカード（の署名用電子証明書）で電子署名を付与するためには，特定のソフトウェア・サービス等が必要です（上表）。各手段において（2「RSS-SR」以外），原則，「JPKI ソフト[1]」（無償／ J-LIS）の導入と IC カードリーダー[2]の準備を要します。以下，それぞれの特徴です。

1　地方公共団体情報システム機構（J-LIS）が提供する，マイナンバーカード内の電子証明書を利用するために必要となるソフト（無償）。
2　利用できる IC カードリーダーの一覧
　JPKI ポータルサイト「IC カードリーダライタのご用意」
　（https://www.jpki.go.jp/prepare/reader_writer.html）

1 JPKI PDF SIGNER

HIRUKAWA Ryo さんが開発・公開されている Windows 用フリーソフト「JPKI PDF SIGNER」（無料）を利用する方法です（134 〜 135 頁）。有料の PDF ソフトや署名プラグインの導入をすることなく，直感的な操作で電子署名を行えます。

2 RSS-SR

株式会社リーガルの「RSS-SR」（有料）を利用する方法です（136 〜 137 頁）。PDF ソフト・プラグイン・JPKI ソフトだけでなく，IC カードリーダーも不要で，利用者がスマホ（NFC 対応）にマイナンバーカードをかざして電子署名を行えます（詳細は前述 103 頁）。

代理人となる司法書士（事務所）が本サービスを導入していれば，そのクライアントの企業（又は個人）は無料で電子署名を付与できます（司法書士を介さず企業のみで利用するプランも有り）。なお，司法書士登録者は，姉妹サービスの「RSS-VC」を利用すれば，署名検証まで行えます。

3 SkyPDF Professional 7 for Legal ＋ 電子認証キット PRO

株式会社スカイコムの「SkyPDF Professional 7 for Legal」（有料）と，親和性の高い株式会社リーガルの「電子認証キット PRO」のプラグインを併用する方法です（138 〜 139 頁）。

4 Adobe Acrobat Pro/Standard ＋ PDF 署名プラグイン

Adobe Inc. の「Adobe Acrobat Pro/Standard」（有料）と法務省の「PDF 署名プラグイン」（無償）を利用する方法です（140 〜 145 頁）。署名プラグインが Adobe Acrobat の旧版にしか対応していないため（2023 年 11 月 1 日時点），設定難度の高いやり方です（Acrobat 64 ビット版から 32 ビット版へのダウングレードが必要）。

5 申請用総合ソフト

法務省の「申請用総合ソフト」（無償）を利用して XML 方式で電子署名する方法です（146 〜 150 頁）。電子署名した結果が PDF ファイルでなく，フォルダ（XML ファイルと PDF ファイル）として保存されます。JPKI ソフトの導入と IC カードリーダーの準備が必要ですが，その他の費用と手間を少なくして，簡単な操作で電子署名が可能です。

②電子署名の手順（PDF 方式 /JPKI PDF SIGNER 利用）

以下，「JPKI PDF SIGNER[1]」を利用した，マイナンバーカードによる電子署名を行う手順です（PDF 方式）。

必要なもの

- PC（Windows 64 ビット版）
- マイナンバーカード（署名証明書が有効期限内であること）
- IC カードリーダー（SONY の PaSoRi（RC-S380）等）

必要なソフト

- JPKI 利用者ソフト（無償／ J-LIS）
- JPKI PDF SIGNER（無料）

手順

1/7 IC カードリーダーのセットアップ

▶ PC と IC リーダーを接続してセットアップ

（自動で行われない場合は各メーカーのセットアップガイド等参照）

2/7 「JPKI 利用者ソフト」をインストール

▶ **JPKI 利用者ソフト** で Web 検索

▶ Windows 版をダウンロードし，表示に従いインストール

JPKI ポータルサイト「利用者クライアントソフトのダウンロード」

（https://www.jpki.go.jp/download/index.html）

3/7 「JPKI PDF SIGNER」をインストール

▶ **JPKI PDF SIGNER** で Web 検索

▶ 下記 HP からソフトをダウンロードし，ZIP ファイルを展開します

JPKI PDF SIGNER（https://aoiro.app/jpki/）

---

1 フリーソフトのため，自己責任のうえでご利用ください。

4/7 ソフトを起動

▶ exe ファイル（jpki-pdf-signer.exe）を選択しソフトを起動

「Windows によって PC が保護されました」の画面が表示される場合は「詳細情報」を開き，「実行」でソフト起動

5/7 印影を設定する

（印影不要の場合は次へ）

▶「＋追加」から「ファイル参照」，印影にしたい画像（.png）を選択，縦横を適当な長さにして「OK」

6/7 ファイルを選択

▶「ファイル」＞「開く」で電子署名したいファイルを選択

7/7 電子署名を行う

▶マイナカードを IC リーダーに挿入

▶印影を選択して押印したい箇所に配置

▶署名用電子証明書のパスワード（半角英数字 6 ～ 16 文字）を入力して「OK」

▶「署名が完了しました」＞「はい」で名前を付けて保存

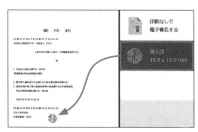

以上で，電子署名は完了です。

③電子署名の手順（PDF 方式 /RSS-SR 利用）

以下，「RSS-SR」（株式会社リーガル）を利用した，マイナンバーカードによる電子署名を行う手順です（PDF 方式）。

必要なもの

- PC（Windows10/11，推奨ブラウザ Google Chrome）※司法書士側
- スマホ（Android か iPhone で NFC 対応[1]の端末）※クライアント側
- マイナンバーカード（有効期限内の署名証明書）※クライアント側

必要なソフト

- RSS-SR（有料／株式会社リーガル）※司法書士側
- RSS-SR モバイル（無料／同上）※クライアント側

手順[2]

1/3 司法書士側

①「RSS-SR」サービス申込み

　　RSS-SR で Web 検索

　　株式会社リーガル「RSS-SR」（https://www.legal.co.jp/products/rss/sr/）

②パソコンからログインし，ルームを作成

③署名対象の PDF ファイルをアップロード

④署名設定を行い，署名依頼　※複数人・複数ファイルへの署名依頼も可

2/3 クライアント側

①アプリ「RSS モバイル」をダウンロード（無料）

②スマホ（又は PC）で
受信したメールの
URL にアクセス

③司法書士に伝えた携帯

1　JPKI ポータルサイト「マイナンバーカードに対応した NFC スマートフォン一覧」
　（https://www.jpki.go.jp/prepare/pdf/nfclist.pdf）

2　司法書士が「RSS-SR」を導入する場合の手順（会社自らが「RSS-SR」を導入する場合は 1/3 から 3/3 を自社で一貫して行います）。

番号を入力し，SMS に届く
コードで本人確認をしてログ
イン

④文書確認し，スマホにカード
をかざし電子署名

　以上で，電子署名は完了です。

3/3　司法書士側

①署名完了のメールを受信

②署名済みファイルをダウンロード

※　署名検証を行う際は，姉妹ソフト「RSS-VC」を利用します（156 ～
157 頁）。

（備考）クラウド型電子署名サービスと RSS-SR の併用

　会社実印相当の電子署名が必要な取締役会議事録（代表取締役選定等を決
議）等，クラウド型電子署名が付与された PDF ファイルに，RSS-SR を利
用して，追加で商業登記電子証明書やマイナンバーカードで電子署名を付与
することも可能です。

　また，署名者全員がマイナンバーカードで電子署名を付与することも可能
です。

④電子署名の手順（PDF 方式 /SkyPDF＋電子認証キット利用）

以下，「SkyPDF Professional 7 for Legal」（株式会社スカイコム）と
「電子認証キット PRO」（株式会社リーガル）のプラグインを利用した，
マイナンバーカードによる電子署名の手順です（PDF 方式）。

必要なもの

- PC（Windows10 推奨）
- マイナンバーカード（署名証明書が有効期限内）
- IC カードリーダー（SONY の PaSoRi（RC-S380）等[1]）

必要なソフト

- JPKI 利用者ソフト（無償／ J-LIS）
- SkyPDF Professional 7 for Legal（有料／株式会社スカイコム）
- 電子認証キット PRO（有料／株式会社リーガル）

手順

1/5 IC カードリーダーのセットアップ

▶ PC と IC リーダーを接続してセットアップ

2/5 JPKI 利用者ソフトのインストール

▶ JPKI 利用者ソフト で Web 検索

▶ Windows 版をダウンロードし，表示に従いインストール

　　JPKI ポータルサイト「利用者クライアントソフトのダウンロード」

　　（https://www.jpki.go.jp/download/index.html）

3/5 「SkyPDF Professional 7 for Legal」と「電子認証キット PRO」の導入

▶ SkyPDF Professional 7 for Legal 電子認証キット PRO で Web 検索

▶株式会社リーガルの HP から両ソフトを購入，DL ＆インストール

---

1 利用できる IC カードリーダーの一覧
　JPKI ポータルサイト「IC カードリーダライタのご用意」
　（https://www.jpki.go.jp/prepare/reader_writer.html）
2 手順の詳細は，各メーカーのセットアップガイド等を参照

4/5 SkyPDF プラグインのインストール

▶「電子認証キット PRO」を
　起動
▶「SkyPDF プラグインをイン
　ストール」を選択し，画面の
　指示に従い進める

5/5 SkyPDF で電子署名

▶署名対象の PDF ファイルを
　右クリックし「プログラムか
　ら開く」＞「SkyPDF 7」を選択

（SkyPDF の初期設定）

▶「ツール」＞「環境設定」＞電子署名タブ
▶文書の署名に使用するデフォルトの方法［SKYCOM LegalSign
　Signature］を選択し，□常に使用するに☑
▶文書の署名に使用する形式［通常署名］を選択＞「適用」

（電子署名）

▶IC リーダーにマイナンバーカードを接触（又は差込む）
▶「ツール」＞「署名」を選択
▶「署名情報選択」を選択
▶「◉ IC カード」を選択し「決定」
▶「公的個人認証サービス（個人番号カード）」を選択し「OK」
▶署名用電子証明書パスワード（半
　角英数字 6 〜 16 文字）を入力し
　「OK」
▶「電子署名」を選択し，名前を付
　けて保存

　以上で，電子署名は完了です。

第Ⅱ部　完全オンライン申請の準備

⑤電子署名の手順（PDF 方式 /Acrobat＋署名プラグイン利用）

　以下，「Adobe Acrobat Pro/Standard」（Adobe Inc.）＋「PDF 署名プラグイン」（法務省）を利用した，マイナンバーカードによる電子署名（SignedPDF 方式）を行う手順です（PDF 方式）。※前述のとおり，PDFソフトのダウングレード等が必要で設定が煩瑣なため，上級者向きです。

必要なもの

- PC（Windows10 推奨　※ PDF 署名プラグインの対応 OS）
- マイナンバーカード（署名証明書が有効期限内であること）
- IC カードリーダー（SONY の PaSoRi（RC-S380）等）

必要なソフト

- JPKI 利用者ソフト（無償／ J-LIS）
- Adobe Acrobat Pro（又は Standard）32 ビット版（有料）
- PDF 署名プラグイン（無償／法務省）

概観

1/7 IC カードリーダーのセットアップ

2/7 JPKI 利用者ソフトをインストール

3/7 PDF ソフトのダウンロード

4/7 PDF ソフトのインストール

5/7 プラグインの導入

6/7 初期設定

7/7 電子署名

手順

1/7 IC カードリーダーのセットアップ

▶ パソコンと IC カードリーダーを接続して，指定のドライバ（パソコン
に接続する周辺機器を作動させるためのソフトウェア）をインストール
（多くの場合は接続すると自動で完了します）

2/7 「JPKI 利用者ソフト」をインストール

▶ JPKI 利用者ソフト で Web 検索

▶ J-LIS の HP から Windows 版をダウンロードし（無償），表示に従いイ
ンストール

JPKI ポータルサイト「利用者クライアントソフトのダウンロード」

(https://www.jpki.go.jp/download/index.html)

3/7 PDF ソフトのダウンロード

▶ Acrobat インストーラー 等で Web 検
索

▶ Adobe の HP から「Adobe Acrobat Pro
（又は Standard）／ Windows（32 ビッ
ト版)」をダウンロード[1 2]

▶ すでに Adobe Acrobat の 64 ビット版が
インストール済みの場合はアンイストー
ルのうえ，32 ビット版のインストール
が必要

第Ⅱ部 完全オンライン申請の準備

1　Adobe Acrobat の 64 ビット版に PDF 署名プラグインが対応していないため。
2　ダウンロード先：Adobe Inc.「Acrobat インストーラー（エンタープライズターム
または VIP ライセンス版）のダウンロード」

(https://helpx.adobe.com/jp/acrobat/kb/acrobat-dc-downloads.html)

4/7 PDF ソフトのインストール

▶ ダウンロードした zip ファイル（「Acrobat_DC_Web_WWMUI.zip」等）を展開（解凍）し，「Setup.exe」をクリックし，表示に従いインストール[3]

5/7 プラグインの導入

▶ PDF 署名プラグイン で Web 検索

▶ 登記・供託オンライン
申請システム HP から
「PDF 署名プラグイ
ン」の最新バージョン
をダウンロード（無償）

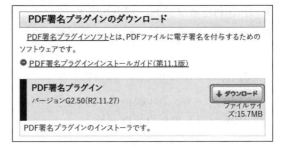

　登記・供託オンライン申請システム「ソフトウェアのダウンロード」
（https://www.touki-kyoutaku-online.moj.go.jp/download_soft.html）
　PDF 署名プラグインの詳細な内容は，同 HP 内のインストールガイド
や操作説明書を参照ください。

▶ ダウンロードしたファイル（「SPDFG250.msi」）をクリックし，画面
（MistyGuard<SignedPDF>）の指示に従ってインストールを進め，「は
い」を選んでパソコンを再起動

3　Adobe Acrobat が 32 ビット版から 64 ビット版に自動更新される場合は，アンイン
　ストールして 32 ビット版をインストールし，かつ，自動更新が停止するようレジス
　トリを修正する必要があります。

6/7 初期設定

▶ Adobe Acrobat Pro/Standard を起動

▶ ［編集］＞ ［環境設定］＞ ［一般］を選択

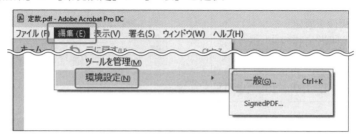

▶ ［署名］＞ ［詳細］を選択

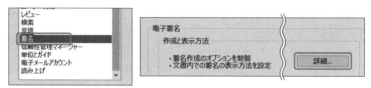

▶デフォルトの署名方法［SignedPDF］を選択し「OK」

　次に，署名用鍵管理の設定をします。

▶「編集」＞「環境設定」＞「SignedPDF」を選択

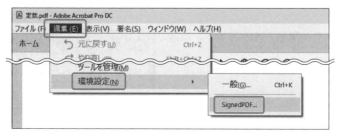

143

▶「公的個人認証ICカード」
　＞「設定」を選択

（印影画像を設定する場合）
　PDF印影情報の「印影PDF
ファイルパス」を「参照」して
（印影にしたいPDFファイル）
を選択する（100～101頁参照）

▶署名情報入力画面で署名者情
　報（名前・署名地・理由）を
　入力・選択して「OK」

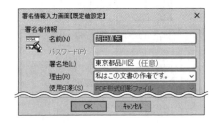

7/7 電子署名

▶［表示］＞［ツール］＞［証
　明書］＞［開く］
　※　又はツールバーの証明書
　　　（万年筆のマーク）をク
　　　リック

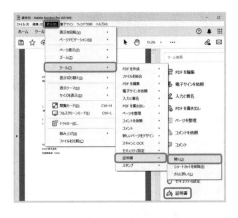

▶「デジタル署名」をクリック

▶電子署名したいスペースをド
ラッグして「はい」

▶マイナンバーカードの署名用
電子証明書のパスワード[4]を
入力して「OK」，ファイル
名・保存先を指定

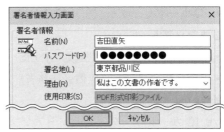

▶「この製品では，検証はでき
ません。」と表示されますが，
「署名用プラグイン」には検
証機能がないのでそのまま
「OK」

以上で，電子署名は完了[5][6]です。

4　署名用電子証明書のパスワードは半角文字を6文字から16文字まで，かつ，数字
とアルファベット（大文字）の混在で作成したもので，利用者証明用パスワード（4
桁の数字）ではないので注意。
5　取締役会議事録等，複数人の電子署名を付与する場合は本手順を繰り返します。
6　署名パネルにおける［検証が必要な証明があります。］［署名の完全性は不明です］
等のエラーが表示されますが，これはマイナンバーカードの電子証明書がAdobe社
の信頼済みリストに登録されていないことに起因しますので，必ずしも電子署名に不
備があったわけではありません。

⑥電子署名の手順（XML 方式 / 申請用総合ソフト利用）

　以下，「申請用総合ソフト」（法務省）を利用して，マイナンバーカードによる電子署名を行う手順です（XML 方式）。

必要なもの

- PC（Windows10/11）
- マイナンバーカード（署名証明書が有効期限内であること）
- IC カードリーダー（SONY の PaSoRi（RC-S380）等）

必要なソフト

- JPKI 利用者ソフト（無償／J-LIS）
- 申請用総合ソフト（無償／法務省）

概観

1/9 IC カードリーダーのセットアップ　　　　（74 頁参照）

2/9 「JPKI 利用者ソフト」のインストール　　（同上）

3/9 「登記・供託オンラインシステム」への登録（68 ～ 69 頁参照）

4/9 「申請用総合ソフト」のインストール　　（70 ～ 71 頁参照）

　　（手順1/9 ～ 4/9 の順序は問いません）

5/9 申請用総合ソフトを起動

6/9 IC カードライブラリの登録

7/9 ファイル・保存先の選択

8/9 電子署名の付与

9/9 フォルダの確認

手順

1/9 ～ 4/9（上記各頁参照）

5/9 申請用総合ソフトを起動

▶申請者 ID・パスワードを入力しログイン

6/9 IC カードライブラリの登録

▶「処理状況表示」画面の「ツール」＞「オプション」

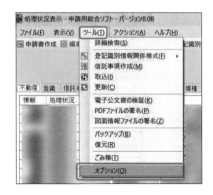

▶「IC カード切替」＞「登録」

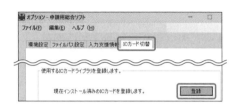

▶（IC カードカードライブラリの登録確認）「OK」

▶（IC カードカードライブラリの登録完了）「OK」

▶ （使用する IC カードライブラリを選択）「公的個人認証サービス（個人番号カード）」を選択＞「適用」

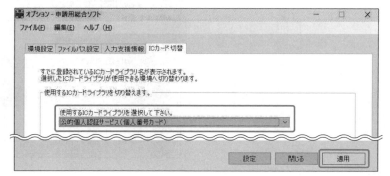

▶ （このアプリがデバイスに変更を加えることを許可しますか？）「はい」

▶ 「適用しました」＞「OK」で登録完了

7/9 ファイル・保存先の選択

▶「ツール」＞「PDFファイルの署名」

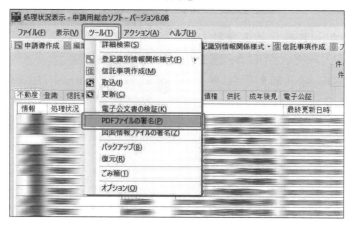

▶ ［PDFファイル］の「参照」で，電子署名するファイルを選択
▶ ［出力先］の「参照」で，ファイルの保存先を指定[1][2][3]

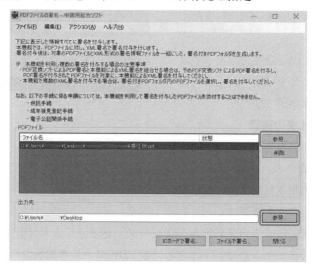

第Ⅱ部　完全オンライン申請の準備

1　Word，Excel等のファイルは事前にPDFに変換。
2　「Ctrl」で複数ファイル選択可。
3　署名済のファイルに追加で署名も可（205頁枠内参照）。

8/9 電子署名の付与

▶「IC カードで署名」をクリック

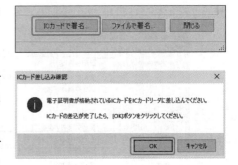

▶［IC カード差し込み確認］カードリーダーへ IC カードを差し込み（非接触タイプは置きます）「OK」

※最初からマイナンバーカードを接触させているとエラーになりやすい。

▶マイナンバーカードの署名用パスワード（半角英数字 6 〜 16 文字）を入力し，「確定」＞「署名付与が完了しました」「OK」

▶「状態」が「署名付与完了」となったことを確認（以上で，電子署名は完了です）

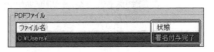

9/9 フォルダの確認

▶指定した出力先に同名のフォルダが作成され，PDF ファイルと署名情報 XML ファイルが格納されたことを確認

委任状.pdf　　委任状.xml

※登記申請には，この署名付き "フォルダ" を添付します（申請用総合ソフトの「ファイル添付」＞「署名付き PDF フォルダ追加」）

※電子署名の検証は 160 〜 161 頁

⑦ Q&A（マイナンバーカードの電子署名）

Q 1　複数のマイナンバーカードでの電子署名

　申請用総合ソフト上で，複数のマイナンバーカードの電子署名を行うことは可能ですか。

A 1

　可能です。1 台の PC で複数種類の IC カード格納型電子証明書を併用する場合は，申請用総合ソフトのオプション画面から「IC カード切替」を選択し，使用する IC カードライブラリを切り替えます。

Q 2　署名用電子証明書の失効時の手続

　署名用電子証明書が失効している場合，どうすればいいですか。

A 2

　住民票のある自治体窓口での更新手続が必要です。

　なお，①電子証明書の失効申請をした場合，②住民票の基本 4 情報（氏名，生年月日，性別及び住所）の記載が修正された場合（ただし，利用者証明用電子証明書は失効しない），③電子証明書の有効期間が満了した場合，及び④本人が死亡した場合に，電子証明書は失効します。

①署名検証と署名検証者

◆資格者代理人としての署名検証の要素（106 頁表再掲）

❶電子署名の検証（改ざんされていないか）
❷電子署名の主体（適格な者による適格な署名か）
❸電子証明書の有効性（失効していないか，有効期間内か）
❹電子証明書の種類（商業登記で利用可能か）

※1　商業登記電子証明書・マイナンバーカード・特定認証業務電子証明書・その他（クラウド型電子署名）に共通
※2　❶～❹の順序は問わない（確認できる順でよい）

◆　（参考）公的個人認証サービスの署名検証者

(1)　署名検証者になり得る者（公的個人認証法 17 条 1 項）
• デジタル手続法 3 条 2 号に規定する**行政機関等**
• **裁判所**
• 行政機関等に対する申請，届出その他の手続に随伴して必要となる事項につき，電磁的方式により提供を受け，行政機関等に対し自らこれを提供し又はその照会に応じて回答する業務を行う者として行政庁が法律の規定に基づき指定し，登録し，認定し，又は承認した者
• 電子署名法 8 条に規定する**認定認証事業者**
• 電子署名法 2 条 3 項に規定する**特定認証業務を行う者**であって政令で定める基準に適合するものとして主務大臣が認定する者
• 上記以外の者であって，署名利用者から通知された電子署名が行われた情報について当該署名利用者が当該電子署名を行ったこと又は利用者証明利用者が行った電子利用者証明について当該利用者証明利用者が当該電子利用者証明を行ったことの確認を政令で定める基準に適合して行うことができるものとして**主務大臣が認定**するもの
（プラットフォーム事業者及びサービスプロバイダ事業者）
(2)　団体署名検証者になり得る団体又は機関（公的個人認証法 17 条 5 項，同法施行令 11 条及び 12 条）
• 士業団体（全国社会保険労務士会連合会，日本行政書士会連合会，**日本司法書士会連合会**，日本税理士会連合会，日本土地家屋調査士会連合会，日本弁理士会）
• 法務省

参考：J-LIS「署名検証者・利用者証明検証者・団体署名検証者について」
（https://www.j-lis.go.jp/jpki/procedure/procedure1_2.html）

・マイナンバーカードの署名検証

　司法書士等の資格者代理人が，マイナンバーカードで電子署名された
ファイル受領時の，署名検証における確認事項は，商業登記電子証明書の
場合と同様です（詳細は106頁参照）。

・（参考）公的個人認証サービスの署名検証者

　公的個人認証サービスにより発行された署名用電子証明書の失効情報等
の提供は，公的個人認証法の規定に基づき地方公共団体情報システム機構
（J-LIS）にあらかじめ届出を行った署名検証者（同法17条1項），団体署
名検証者（同法17条5項）に対して行われます。

　署名検証者になりうる者として，行政機関等，裁判所，電子署名法の認
定認証事業者等，主務大臣認定者（同法17条1項）が，団体署名検証者
になりうる団体又は機関として，日本司法書士会連合会等の士業団体や法
務省が定められています（同法施行令11条及び12条）。

　なお，民間事業者が公的個人認証サービスを導入する場合は，公的個人
認証法に基づき，署名検証業務において情報管理を行うための設備・体制
を整え，主務大臣認定を受けて自社が認定事業者（プラットフォーム事業
者）になるか，もしくは認定事業者に署名検証業務を委託する形（サービ
スプロバイダ事業者）で利用する2つの方法があります。公的個人認証
サービスを導入している民間事業者一覧と導入事例は，デジタル庁の以下
のWebサイトから確認が可能です。

　　参考：デジタル庁「公的個人認証サービス（JPKI）」
　　　　　（https://www.digital.go.jp/policies/mynumber/private-business/
　　　　　jpki-introduction#guidance5.2.1）
　　　　　デジタル庁・総務省「公的個人認証サービス利用のための民間
　　　　　事業者向けガイドライン（第1.2版）」

②マイナンバーカードの署名検証に利用できるソフト

	ソフトウェア等	備考
1	Adobe Acrobat Pro/Standard（有料）又は Adobe Acrobat Reader（無料）[Adobe Inc.] ＋JPKI ソフト（無償）[J-LIS]	・PDF 方式のみ検証可 ・**自身で署名したファイルのみ** ・PDF から証明書（.cer）抽出
2	RSS-VC［株式会社リーガル］ ＋電子認証キット PRO［同上］ ＋SkyPDF［株式会社スカイコム］ （全て有料） 156 〜 157 頁	・PDF 方式，XML 方式に対応 ・**司法書士登録者限定**
3	各種登記申請ベンダーソフト（権・サムポロトラスト電子署名等）	・詳細は各ベンダーに確認ください
4	公的個人認証有効性確認システム（当面無料）[日司連] 158 〜 159 頁	・PDF 方式のみ検証可 ・**司法書士登録者限定** ・有効性確認のみ可 ・署名前にカード読取りが必要
5	申請用総合ソフト（無償）[法務省] 160 〜 161 頁	・XML 方式のみ検証可

　マイナンバーカードで電子署名を付与したファイルの署名検証を行うには，特定のソフトウェアの利用が必要です（上表）。電子署名の方式がPDF 方式か XML 方式かで利用できるソフトウェアが異なる点に注意します。以下，それぞれの特徴です。

1 Adobe Acrobat Pro/Standard/Reader ＋ JPKI ソフト

　Adobe Inc. の「Adobe Acrobat Pro/Standard」（有料）又は「Adobe Acrobat Reader」（無料）と J-LIS の「JPKI 利用者ソフト」（無償）を併用する方法です。自分自身がマイナンバーカードで電子署名した PDFファイル（以下，マイナンバー電子署名ファイルという）を，身で検証する場合のみ利用できます。

　手順としては，Adobe Acrobat Reader 等で対象の PDF ファイルを開き，署名が改ざんされていないことを確認のうえ，署名のプロパティから

証明書ファイル（.cer）を書き出し，JPKI 利用者ソフト「その他の証明書」で読み込み，電子証明書の有効性を確認します。

2 RSS–VC＋電子認証キット PRO＋SkyPDF Professional 7 for Legal

　司法書士登録者の場合，マイナンバー電子署名ファイル（PDF）につき，株式会社リーガルの「RSS-VC」（有料）・「電子認証キット PRO」（有料）と株式会社スカイコムの「SkyPDF Professional 7 for Legal」（有料）を併用して署名検証が可能です（156 ～ 157 頁）。

　PDF ファイルのみならず，申請用総合ソフトを利用して XML 方式で電子署名されたフォルダの検証も可能です。

3 各種登記申請ベンダーソフト（権・サムポロトラスト電子署名等）

　株式会社リーガルの「権」，株式会社サムポローニアの「サムポロトラスト電子署名」等，司法書士が利用する各種登記申請ベンダーソフトのオプション等において，マイナンバー電子署名ファイル（PDF）の検証が可能なものがあります。詳細は各ベンダーに確認ください。

4 公的個人認証有効性確認システム

　司法書士登録者の場合，日本司法書士会連合会が提供する「公的個人認証有効性確認システム」を利用して電子証明書の有効性確認を行うことが可能です（158 ～ 159 頁）。なお，マイナンバー電子署名ファイル（PDF）の電子証明書の有効性を直接確認するのでなく，事前に依頼者のマイナンバーカードを読み取り，その電子証明書の有効性を確認した後，電子署名ファイル（PDF）の電子証明書との一致を確認するという手順を要します。

5 申請用総合ソフト

　法務省の「申請用総合ソフト」（無償）で電子署名されたフォルダ（XML 方式）は，同じく申請用総合ソフトで署名検証を行う[1]ことが可能です（160 ～ 161 頁）。自身が作成した電子署名フォルダの検証だけでなく，他者から受け取った電子署名フォルダの検証も可能です。

　1　電子公文書（公証人の電子署名と電子証明書）を検証する機能を利用します。

③署名検証の手順（PDF 方式 /RSS-VC＋電子認証キット＋SkyPDF 利用）

　以下，マイナンバーカードで電子署名された PDF ファイルを「SkyPDF Professional 7 for Legal」[1]（株式会社スカイコム）で開き，「RSS-VC」（株式会社リーガル）と「電子認証キット PRO」（同社）のプラグインを利用して検証を行う手順です。

手順

1/5「SkyPDF Professional 7 for Legal」「電子認証キット PRO」の導入

▶ SkyPDF Professional 7 for Legal 電子認証キット PRO で Web 検索

▶株式会社リーガルの HP から両ソフトを購入，DL ＆インストール

2/5「RSS-VC」の申込

▶ RSS-VC 等で検索

▶株式会社リーガルの HP（リーガルオーナーページ）から登録，申込み

> 　RSS-VC は，マイナンバーカード（公的個人認証）による電子署名の有効性を確認するためのサービス（司法書士登録者限定）です。電子署名済みのファイルに付された公的個人認証電子証明書の有効性確認と，電子署名が付されて以降，文書が改ざんされていないことの検証を行うことができます。
> 　本サービスでの公的個人認証有効性確認は，総務大臣認定事業者である株式会社 NTT データを経由して J-LIS（地方公共団体情報システム機構）へ電子証明書を提供して失効情報を受ける仕組みとなっております。

3/5 プラグインのインストール

▶「電子認証キット PRO」を起動

▶「SkyPDF プラグインをインストール」を選択し，画面の指示に従い進める

---

1 「Adobe Acrobat Pro/Standard（32 ビット版）」でも本検証は可（ただし，現行の 64 ビット版をインストール済みの場合は削除して再インストールが必要）。

③署名検証の手順（PDF 方式 /RSS-VC ＋電子認証キット＋SkyPDF 利用）

4/5 PDF ファイルを開く

▶署名検証したい PDF ファイルを右ク
リックし「プログラムから開く」＞
「SkyPDF 7」を選択

▶検証したい印影をクリック

5/5 検証結果の確認

▶署名検証状況が有効であること（❶
電子署名の検証）と，署名者（❷電
子署名の主体）が適切であることを
確認

▶「証明書有効確認」をクリック

▶署名者から有効性確認の同意を得て
いる場合は☑を入れて「有効性確認
を行う」

▶電子証明書の状態が有効であること
（❸電子証明書の有効性）を確認

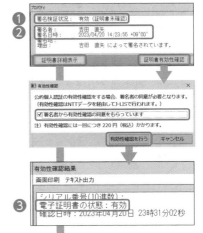

▶「証明書詳細表示」から，電子署名の主体の氏名・住所・生年月日（❷
電子署名の主体）と，地方公共団体情報システム機構が発行する電子証
明書であること（❹電子証明書の種類）を確認

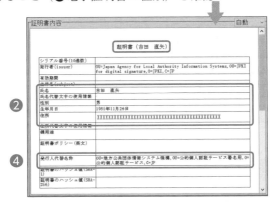

④署名検証の手順（PDF 方式 / 公的個人認証有効性確認 システム利用）

◆日司連公的個人認証有効性確認システムを使う際の大きな流れ

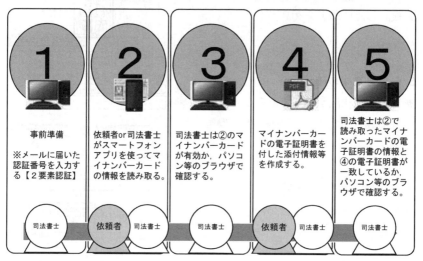

1	2	3	4	5
事前準備 ※メールに届いた認証番号を入力する【2要素認証】	依頼者or司法書士がスマートフォンアプリを使ってマイナンバーカードの情報を読み取る。	司法書士は②のマイナンバーカードが有効か，パソコン等のブラウザで確認する。	マイナンバーカードの電子証明書を付した添付情報等を作成する。	司法書士は②で読み取ったマイナンバーカードの電子証明書の情報と④の電子証明書が一致しているか，パソコン等のブラウザで確認する。
司法書士	依頼者　司法書士	司法書士	依頼者　司法書士	司法書士

「日司連公的個人認証有効性確認システム」で確認できる内容
▶依頼者の公的個人認証（以下「マイナンバーカード」という。）の有効性の確認
▶有効性を確認したマイナンバーカードの電子証明書と登記申請の際の添付情報等に付された電子証明書が一致していることの確認

引用：日本司法書士会連合会「日司連公的個人認証有効性確認システム実施手順（マニュアル）」
（https://www.help.nkys.nisshiren.jp/）

④署名検証の手順（PDF 方式／公的個人認証有効性確認システム利用）

　司法書士会員は，「日司連公的個人認証有効性確認システム」を用いて依頼者のマイナンバーカードの有効性を確認することが可能です。

　本システムは，オンライン申請促進を目的に，日本司法書士会連合会（以下「日司連」という）により 2021 年 2 月 15 日に公表された，司法書士会員向けの仕組みです。本システムの利用によって，司法書士が依頼者のマイナンバーカードの有効性を確認できるとともに，登記申請の際の添付情報等に付された電子証明書が，依頼者のマイナンバーカードの電子証明書と一致しているかの確認を行うことが可能です。

　以下，本システム利用の流れです。

手順

> ①司法書士が本システムに登録。
> ②依頼者か司法書士のスマホ端末からマイナンバーカードを読み取る。
> ③司法書士はマイナンバーカードの有効性を確認する。
> ④依頼者はマイナンバーカードで電子署名したファイルを司法書士へ送る。
> ⑤司法書士は②の証明書と④の証明書との一致を確認する。

（詳細な手順は前頁リンク先のマニュアルよりご確認ください）

　電子署名済み PDF ファイルから直接，証明書の有効性確認を行うのでなく，本システムを通して読み取り有効性を確認したマイナンバーカード内の電子証明書との一致を確認するシステムであるため，事前に，依頼者のカード自体の読み取りが必要な点に留意ください。

　本システムの利点としては，司法書士会員であれば無料（当面の間）で利用可能である点と，日司連が公的個人認証法 17 条 5 項 1 号の団体署名検証者であり，同条 4 項の署名検証者の規定が準用されるため，犯収法上のオンライン上の本人確認（犯収法施行規則 6 条 1 項 1 号ワ括弧書）も兼ねられるという点が挙げられます（ただし，マイナンバーカードで電子署名された特定取引等に関する情報（委任状等）の送信も受ける必要があります）。

⑤署名検証の手順（XML 方式 / 申請用総合ソフト利用）

　以下，マイナンバーカードで電子署名されたフォルダ（XML 方式）を
「申請用総合ソフト」（法務省）で検証を行う手順です。

手順

1/3 申請用総合ソフトを起動

▶申請者 ID・パスワードを入力
　しログイン[1][2]

▶「ツール」＞「電子公文書の検
　証」[3]

2/3 PDF フォルダの選択

▶「参照」で，署名検証する
　PDF フォルダを選択

▶「電子公文書検証」をクリック

3/3 検証結果の確認

▶以下を確認します。

❶電子署名の検証

❷電子証明書の有効性

❸電子証明書の種類

❹電子署名の主体

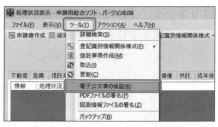

❶電子署名の検証（改ざんされていないか）

電子署名検証結果欄に「電子公文書の内容は，変更・改ざんされていません。」との表示を確認します。

❷電子証明書の有効性確認（失効していないか）

電子証明書検証結果欄に，

「結果　OK　（この電子署名には，有効な電子証明書が使われています。）

　内容　この電子証明書は信頼された認証局から発行されています。

　　　　この電子証明書は失効していません。

　　　　この電子証明書は有効期限が切れていません。」

との表示を確認します。

❸電子証明書の種類の確認（商業登記で利用できるか）

拡張領域の発行者別名欄で『OU＝地方公共団体情報システム機構，OU＝公的個人認証サービス署名用，O＝公的個人認証サービス』の記載を確認します。

❹電子署名の主体の確認（適格な者による適格な署名か）

拡張領域の所有者別名欄で電子署名者の氏名・住所・生年月日を確認します。なお，検証結果画面の右下の「印刷」を押すと，スクロールで隠れた部分も含めてブラウザに内容を表示でき，視認性がよくなります。

1　登記・供託オンライン申請システム未登録の場合は，解説 68 頁。

2　電子署名時と異なり，検証時はネットワーク環境が必要です。

3　本来は，電子公文書を検証する機能であるため。

=第Ⅰ部= 第Ⅱ部 =第Ⅲ部=

商業登記完全オンライン申請の準備

序　概要

Ⅰ　商業登記電子証明書

Ⅱ　マイナンバーカード

Ⅲ　特定認証業務電子証明書

Ⅳ　その他（クラウド型電子署名）

Ⅲの章では，特定認証業務電子証明書について，セコムパスポート for G-ID を例として，その概要に触れています。署名・検証の方法は，商業登記電子証明書の場合と同様です。

1. 特定認証業務電子証明書の概要・取得・署名・検証

◆商業登記オンライン申請で利用可の電子証明書

	商業登記（本人申請）			商業登記（代理申請）			
	申請情報	添付情報 (実印要)	(実印不要)	申請情報	(委任状)	添付情報 (実印要)	(実印不要)
(1)商業登記電子証明書	○	○	○	○	○	○	○
(2)マイナンバーカード	○	○	○	○	○	○	○
(3)特定認証業務電子証明書[1]							
・セコムパスポート for G-ID	○[2]	○	○	○	○[2]	○	○
・e-Probatio PS2 ・TDB 電子認証サービス TypeA ・AOSign サービス G2 ・DIACERT（PLUS）サービス	×	○	○	○	×	○	○
(4)その他 ・クラウドサイン ・電子印鑑 GMO サイン 等	×	×	○	×	×	×	○

[1] 氏名及び住所を確認することができるものに限る。

[2] 氏名，住所，生年月日を確認することができるものに限る。

・特定認証業務電子証明書とは

　商業登記における「特定認証業務電子証明書」とは，主務大臣の認定を受けた認定認証事業者（電子署名法4条1項，8条）が発行する電子証明書（電子署名法施行規則4条1号）のうち，氏名，住所，出生の年月日その他の事項により当該措置を講じた者を確認することができるものとして法務大臣の定める電子証明書（商登規102条3項3号）を指します。

　特定認証業務電子証明書のうち，セコムトラストシステムズ株式会社「セコムパスポート for G-ID」は，商業登記電子証明書・マイナンバーカードと同等の格で，商業登記オンライン申請上で会社実印の役割を果たし，申請情報及び添付情報（実印を要するものを含む）への電子署名に利用ができます。また，登記申請だけでなく，各種行政機関への電子申請・届出，電子入札，電子申告・納税等にも利用が可能です（次頁表）。

　士業（司法書士・行政書士・社会保険労務士・土地家屋調査士）の多くが利用する電子証明書でもあります。本節では，「セコムパスポート for G-ID」を例にとって解説します。

◆各省庁で利用可のオンライン手続（セコムパスポート for G-ID）

「○」利用可・「▲」使用制限あり・「×」利用不可・「*」条件あり

種別	省庁	対応システム	個人	属性型証明書		
				個人事業主	組織代表者	組織社員
電子申請・届出	日本年金機構 ハローワーク 労働基準監督署	e-Gov 電子申請システム	○	○	○	○
	総務省	電波利用 電子申請・届出システム	○	○	▲	▲
	法務省	商業・法人登記の申請 印鑑証明書の交付請求 成年後見登記関連手続 電子公証関係手続き	○*1	○*1	○*1	○*1
	特許庁	電子出願ソフト	○	○	▲	▲
電子入札	利用府省	調達ポータル 政府電子調達（GEPS）	×	○	○	○
	防衛装備庁	中央調達の電子入札システム	▲	▲	▲	▲
電子申告・納税	国税庁	国税電子申告・納税システム(e-Tax)	○	○	▲	▲
	地方税共同機構	地方税ポータルシステム(eLTAX)	○	○	▲	▲

*1　"「住所漢字」「住所ローマ字」「生年月日」「性別」を証明書に記載するか選択してください。"の項目では、"記載する"を選択。

出典：セコムトラストシステムズ株式会社「タイプB（一般向け）対応システム一覧｜セコムパスポート for G-ID」（https://www.secomtrust.net/service/ninsyo/forgidtsys.html）より作成

・取得方法（セコムパスポート for G-ID）

　申込みは，住民票・印鑑証明書等同封のうえ，郵送で行います（前述の士業が取得する場合は，各連合会が用意する専用HPから申込み）。審査後，問題がなければ，到着日より10営業日以内に電子証明書（属性型を選択）が発行（ダウンロード用パスワード等が郵送）されます。

・署名方法（セコムパスポート for G-ID）

　「Adobe Acrobat Pro/Standard/Reader」の標準搭載の署名機能（デフォルトセキュリティ方式）を利用して，PDFファイルに電子署名を付与できます（商登証の電子署名方法と同様。98〜99頁）。また，法務省の「申請用総合ソフト」を用いて，対象ファイルや申請情報に電子署名を付与することも可能です（商登証の電子署名方法と同様。104〜105頁）。

・検証方法（セコムパスポート for G-ID）

　電子署名済みPDFファイルを開けば，署名検証の一部（電子署名の非改ざん性・主体（同一性）の確認，電子証明書の種類）が可能です。電子証明書の有効性確認は，株式会社リーガルの「電子認証キットPRO」等

第Ⅱ部　完全オンライン申請の準備

を用います（商登証の検証と同様。114〜115頁）。申請用総合ソフトを用いて署名したXML方式のフォルダの場合は，申請用総合ソフトでも検証が可能です（116〜117頁）。

・（参考）電子委任状

なお，セコムパスポート for G-ID 含む特定認証業務電子証明書は，電子委任状法に基づく認定も受けています。認定事業者の発行する電子委任状付き電子証明書によれば，電子申告の際，代表者から担当者への委任状の添付の省略が可能となります。しかしながら，本書執筆時点（2023年11月1日）では，電子委任状の利用は，e-Tax，eLTAX，政府電子調達（GEPS）等に限定されており，商業登記手続には利用できませんので留意ください[1]。

・比較

36頁の商業登記電子証明書とマイナンバーカードの比較に，セコムパスポート for G-ID を加えたものが次頁表です。セコムパスポート for G-ID は，商業登記電子証明書と同様にファイル形式のため扱いやすく，電子署名もしやすい一方で，マイナンバーカードのように代表者以外に対しても発行できるという特徴を持ちます。

---

[1] なお，デジタル庁において，電子委任状は，商業登記電子証明書とともに，その普及を更に協力に推進する旨が示されており，今後の展開に注目。
デジタル庁「デジタル社会の実現に向けた重点計画」（2023年6月9日）77頁
（https://www.digital.go.jp/policies/priority-policy-program/）

◆商業登記電子証明書，マイナンバーカード，セコムパスポートの比較

	商業登記電子証明書	マイナンバーカード	セコムパスポート for G-ID
費用	1,300 円～ 9,300 円	無料	税込 15,400 円～ 25,080 円
期間	3 か月～ 27 か月	5 回目の誕生日まで （5 年超）	2 年，3 年
取得方法	オンライン・郵送で可	窓口訪問	郵送
取得期間	即日可	1 か月程度	10 営業日
証明対象	会社・法人の代表者	個人	個人・組織代表者・組織社員等
証明書	ファイルタイプ	カードタイプ	ファイルタイプ
複製	簡単	不可	簡単
本店移転*	失効する	失効しない	記載した場合は失効手続が必要
住所変更*	失効しない	失効する	記載した場合は失効手続が必要
認証要素	記憶（パスワード）	記憶（パスワード） ＋所持（カード）	記憶（パスワード）
電子署名	しやすい （PDF ソフトのみで可）	しにくい （原則 IC リーダー等必要）	しやすい （PDF ソフトのみで可）
署名代行*	できなくはない	しにくい	できなくはない
署名検証*	しやすい （無料ソフトあり）	しにくい （署名検証者が限定的）	ややしにくい （基本は有料ソフト）
規模適正	スタートアップ（ミドル・レイター） 上場企業・大企業向き	スタートアップ（シード・アーリー） 一人会社・中小企業向き	スタートアップ（アーリー～レイター） 中小企業から大企業まで

本店移転＊ 会社・法人の本店住所変更登記の際に証明書が失効するか否か。
住所変更＊ 代表者個人の住所変更の際に証明書が失効するか否か。
署名代行＊ 代表者名義の文書に担当者等が署名作業を代行することを指します。
署名検証＊ 第三者が署名したファイルの検証を指します（証明書有効性確認含む）。

第Ⅱ部　完全オンライン申請の準備

商業登記完全オンライン申請の準備

序　概要

I　商業登記電子証明書

II　マイナンバーカード

III　特定認証業務電子証明書

IV　その他（クラウド型電子署名）

IVの章では，その他に分類されるクラウド型電子署名について，その概要，選び方，代表的なサービスの署名・検証方法を解説します。

1．クラウド型電子署名の概要と特徴

◆商業登記オンライン申請で利用可の電子署名・電子証明書

	商業登記（本人申請）			商業登記（代理申請）			
	申請情報	添付情報		申請情報	添付情報		
		（実印要）	（実印不要）		（委任状）	（実印要）	（実印不要）
(1)商業登記電子証明書	○	○	○	○	○	○	○
(2)マイナンバーカード	○	○	○	○	○	○	○
(3)特定認証業務電子証明書[*1]							
・セコムパスポート for G-ID	○[*2]	○	○	○	○[*2]	○	○
・e-Probatio PS2 ・TDB 電子認証サービス TypeA ・AOSign サービス G2 ・DIACERT（PLUS）サービス	×	○	○	○	×	○	○
(4)その他 ・クラウドサイン ・電子印鑑 GMO サイン ・ドキュサイン（EU Advanced）等	×	×	○	×	×	×	○

[*1] 氏名及び住所を確認することができるものに限る。
[*2] 氏名，住所，出生年月日を確認することができるものに限る。

・**概要**

　本章で扱う「その他」とは，商登規102条5項2号にて規定される電子証明書の分類を指し，法務省 Web サイト上では「その他」の名称で区分されています。リモート型電子署名・クラウド型電子署名の一部が，法務大臣の定めるものとして指定されています（一覧は，32〜33頁）。なお，本類型において，リモート型に比して，クラウド型電子署名が多数を占めるため，本書では主に，クラウド型電子署名を例にとって解説します。

　商業登記のオンライン申請においては，書面提出の場合に実印の押印[1]が不要である添付情報への電子署名に利用が可能です。いわば認印のような役割を果たします。添付情報ごとに実印相当の電子署名が必要か否かの

1　書面提出の場合に実印が要求されるもの（例）
　・申請書情報，補正情報及び取下書情報
　・委任状情報
　・添付書面に市町村の印鑑証明書が必要とされているもの
　・添付書面に認証者の認証が必要とされている場合の，認証者に関するもの

分類を 208 ～ 209 頁，主要な登記ごとの添付情報と利用できる電子証明書
の区分の一覧を巻末資料244 ～ 245 頁にまとめています。

　従来，印鑑提出者である代表者は，本分類の電子署名の利用が不可でし
たが，2021 年 2 月 15 日の商業登記規則等改正により，代表者であっても
実印を要しない添付情報であれば電子署名に利用可となりました。

・特徴

　本分類のクラウド型電子署名の特徴は，電子署名とその検証の容易さに
あります。

　商業登記電子証明書やマイナンバーカード等による電子署名の場合，当
事者の全員が電子証明書を取得する必要があります。一方で，クラウド型
電子署名の場合，サービス事業者が電子署名を行うため（それゆえ，事業
者型署名とも呼ばれます），当事者が電子証明書を取得することなく，電
子署名を行えます。加えて，クラウド型電子署名の場合，有料の PDF ソ
フトやプラグインの導入，各種設定が不要であるため，個々の端末環境に
依存することなく，Web ブラウザ上で電子署名を付与できます。これら
を背景に，電子契約においては，相手方にとって，負荷の低い，クラウド
型電子署名が広く利用されています。

　また，クラウド型電子署名で利用される電子証明書の多くは Adobe 社
の信頼済み証明書に登録されているため，Adobe Acrobat Reader 等の
PDF ソフトで開けば署名検証が容易に行えることも利点です。

第Ⅱ部　完全オンライン申請の準備

2．クラウド型電子署名サービスの選び方

(1) 周辺環境と自社システムの把握

　電子署名（電子契約）サービスの導入に当たっては，自社の業界や取引先，グループ会社において広く利用している特定の電子署名サービスの有無を，まずは確認するとよいでしょう。互いに共通するシステムを利用した方が，運営面での無駄が省けるためです。さらに，ワークフローシステムを導入している企業であれば，システム連携できる電子署名サービスを把握することも重要です。

(2) 法務大臣の定める電子署名かを確認

　上記で検討して俎上にのった電子署名サービスがあれば，商業登記オンライン申請で利用できるかを下記の法務省 HP[1] で最新情報を確認します。

> 法務省「商業・法人登記のオンライン申請について」
> (https://www.moj.go.jp/MINJI/minji60.html)

　導入を検討する電子署名サービスが，「サービス名」だけでなく，「サービス事業者名」「電子証明書（発行者）」まで含めて合致するかを確認します。特に，海外の電子署名サービスは，サービス名やサービス事業者名は本リストに該当しても，通常プランでは，本リストの電子証明書が利用されていないケース等があるためご注意ください[2]。

　検討中の電子署名サービスが利用している電子証明書の種類が不明である場合は，各サービス窓口に問い合わせるか，無料プランがあれば，試用した上で電子署名済み PDF ファイルの署名プロパティから証明書を確認するとよいでしょう（証明書の確認方法は署名検証の 176 ～ 177 頁参照）。

---

[1]　法務書 HP 内の表中［申請人本人による申請の場合］＞［◇添付書面情報の場合］＞［添付書面情報作成者全員］＞［(6)その他］又は，［代理人による申請の場合］＞［◇添付書面情報（委任状情報を除く。）の場合］＞［(6)その他］を参照。

[2]　例えば，DocuSign（ドキュサイン・ジャパン株式会社）では，プラン加入のうえ，法務省指定の「EU Advanced」署名形式を有料オプションで付与する必要があります。

(3) その他の要素

　ここまでで一つの電子署名サービスに絞れない場合は，以下の要素を自社のニーズに合わせて参照し，候補を絞るとよいでしょう。

　□電子署名（電子署名法２条）の定義を満たすか

　□二要素認証の機能はあるか

　□長期署名（保管タイムスタンプ）に対応しているか

　□導入，運用のための資料は充実しているか（社内用・対外用）

□電子署名（電子署名法２条）の定義を満たすか

　電子署名法２条１項の「電子署名」の定義を満たすためには，作成者表示機能と，改ざん検知機能が必要となります（前述18頁）。本要件を満たすかは，PDF ファイルの署名パネル等を参照して自身で確認することも可能ですし，政府のグレーゾーン解消制度という仕組みを利用して，照会を行った事業者については，事業者のサービスが電子署名法上の「電子署名」に該当するかの所管省庁の見解が，下記リンク先に公開されています。

　デジタル庁「グレーゾーン解消制度に基づく回答」

　(https://www.digital.go.jp/policies/digitalsign_grayzone/)

□二要素認証機能はあるか

　二要素認証とは，パスワード（知識）のみならず，スマホアプリのワンタイムパスワード等（所持）と組み合わせて認証を行う，セキュリティの高い方法です。二要素認証は，電子署名法３条の推定効（文書が真正に成立したものと推定される効果）の要件の一つ「固有性の水準」を満たすための措置として政府に例示されています（前述20頁）。固有性の要件は，二要素認証でなくても，同レベルかそれ以上のレベルの措置を満たす措置があれば代替可能ですが，同レベルかそれ以上かを各社で判断することは容易ではないため，重要な契約に備えて，二要素認証の電子署名も選択肢として採れるかを一つの検討要素としてもよいでしょう。

□長期署名（保管タイムスタンプ）に対応しているか

　タイムスタンプとは，電子文書の特定の時点での存在と非改ざん性を証明できる技術です。郵便局の「消印」若しくは公証制度に基づく「確定日

付」に相当する役目を果たします。クラウド型電子署名サービスでは，通常，署名時にタイムスタンプが付与されます。

ところで，電子証明書の有効期限は通常1～3年程度であり，タイムスタンプの有効期間は約10年です。これらの期間を過ぎると検証ができなくなります。

その対策として利用される技術が長期署名（保管タイムスタンプ）です。長期署名は，タイムスタンプの有効期間が切れる前に，重ねてタイムスタンプを追加して，検証可能期間を延長する仕組みです。PDFファイルに対する長期署名には，PAdESという国際標準規格が用いられています。

□導入，運用のための資料は充実しているか（社内用・対外用）

以上は，機能面での検討要素でしたが，実際に導入・運営するためには，そのための周辺ツールが充実しているかも重要です。社内にてプレゼンや稟議を通すための資料・電子署名に対応した印章規程サンプルや社外への電子契約締結方法の案内や電子契約移行通知文書等があると，導入とその後の運用が大きく捗ります。

本書では，以上の要件を満たし，国内シェアを二分するクラウドサイン（弁護士ドットコム株式会社）と電子印鑑GMOサイン（GMOグローバルサイン・ホールディングス株式会社）を例として，電子署名と署名検証の手順を紹介します。なお，本邦の他のクラウド型署名サービスにおいても，電子署名と検証の手順はこれらと大きくは異なりません。

３．電子署名の手順（クラウドサイン利用）

以下，クラウドサインを利用した電子署名の手順です。

手順

1/3 送信者側

▶サービス申込み，ログイン
（無料プランでも利用可）
▶ PDF ファイルをアップロード
▶宛先入力[1]（複数可）
▶印影位置を設定して送信

2/3 受信者側

▶確認依頼のメールを受信
▶書類内容を確認し，同意
（合意締結完了）

3/3 送信者側

▶締結完了のメールを受信
▶添付された（又はログインし
て）署名済みファイル[2]をダウ
ンロード

署名検証の手順は次頁以降で解説します。

第Ⅱ部　完全オンライン申請の準備

1　文書の作成者（取締役等）による電子署名が必要となるため，文書の作成者（取締
役等）のメールアドレスを宛先として指定する必要があります（転送機能を利用しな
い場合。転送機能については Q&A 参照）。

2　署名済みファイルとは別に，合意締結済証明書のファイルが作成されますが，登記
申請では利用しません。

4．署名検証の手順（クラウドサイン利用）

　以下，クラウドサインを利用して電子署名が付された PDF ファイルの署名検証の手順です。検証内容は，下記4点です（前述 106 頁）。

❶電子署名の主体（誰の指示で誰が署名しているか[1]）

❷電子署名の検証（改ざんされていないか）

❸電子証明書・電子署名サービスの種類[2]（商業登記で利用可能か）

❹電子証明書の有効性（有効期間内か，失効していないか）

手順

1/3 PDF ファイルを開く

▶電子署名済みの PDF ファイルを Adobe Acrobat Reader で開く[3]

▶検証したい署名者の印影クリック

※不可視署名の（印影がい）場合は，「署名パル」＞署名者の「バージョン」を右クリック＞「署名のプロパティを表示」

1　クラウド型（事業者型）電子署名は，文書作成名義人自身でなく，文書作成名義人の指示に基づき事業者が電子署名を付与するため。

2　電子証明書（発行者）だけでなく，サービス名及びサービス事業者名も含めて法務大臣の指定がなされているため。

3　2023 年6月 28 日より，クラウドサイン上で署名検証を行うことも可能となりました。

2/3 署名のプロパティの確認

▶「Bengo4.com, Inc.[4]によって署名されています」の文言を確認（**❶**）

▶理由欄の氏名と文書作成名義人（取締役等）との一致を確認[5]（**❶**）

▶「文書は，この署名が適用された後，変更されていません。」の文言を確認（**❷**）

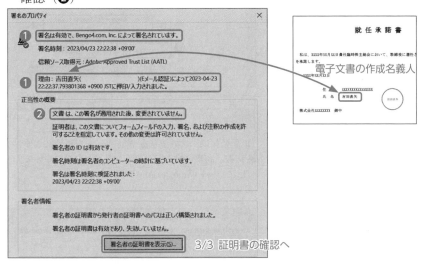

▶「署名者の証明書を表示」をクリック

第Ⅱ部　完全オンライン申請の準備

4　クラウドサインの運営主体である弁護士ドットコム株式会社の商号の英文表記。

5　電子文書の作成名義人（取締役等）ではない，担当者名での認証の場合は登記で利用不可です。ただし，クラウドサインの電子署名は，署名者（受信者）だけでなく，署名依頼を行った担当者（送信者）も含めて複数の署名バージョンが作成される点に注意ください（入力項目の設定数・受信者数によってその数は異なる。最後の２つのバージョンはタイムスタンプであるため，それ以外のバージョンで署名者を確認する）。署名パネルで，作成名義人と一致する署名者のバージョンがあれば，担当者名のバージョンは，登記審査上，余事記載として扱われます。

3/3 証明書の確認

▶発行者が，法務局HP[6]
の法務大臣の定める電子
証明書（発行者）[7]と相
違ないかを確認（❸）
▶有効期間内であることを
確認（❹）

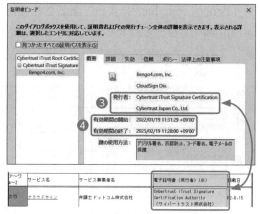

（最新情報は，次の法務省Webサイトで確認します）
法務省「商業・法人登記のオンライン申請について」
（https://www.moj.go.jp/MINJI/minji60.html）

▶失効タブをクリック
▶「選択した証明書は有効
です」との表示を確認
（❹）

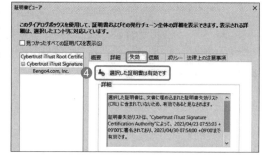

以上で，クラウドサイン
の署名検証は終了です。

署名検証に問題がない場合は，申請情報に本ファイルを添付します[8]。

---

6 サービス名・事業者名・電子証明書は法務省HP上で随時更新・追加されます。
7 本書執筆時点（2023年11月1日）では，クラウドサインの電子証明書には
「Cybertrust iTrust Signature Certification Authority」が法務局指定されています。
8 署名済みファイルが，代表者選定の取締役会議事録等で，さらに，実印相当の電子
署名を要する場合は，本ファイルに追加で，法務省指定の「申請用総合ソフト」を利
用し，商業登記電子証明書やマイナンバーカードで電子署名を付与します。

5．Q&A（クラウドサイン）

Q1　電子署名の依頼先は担当者アドレスでもよいか

電子署名の依頼先は，会社の代表者でなく，担当者のメールアドレスでも可能ですか。

A1

原則不可。添付情報の作成名義人（電子文書に記名の代表者等）が電子署名の指図をする必要があり，添付情報の作成名義人を署名依頼先とする必要があります（例えば，株主総会議事録であれば代表者，取締役会議事録であれば出席役員等）。

ただし，送信者側で書類転送を許可する設定が可能です（有料プラン）。転送機能利用時は，送信者側で電子署名の依頼先を担当者アドレスに指定しても，受信者側で，担当者が代表者等へ署名依頼を転送し，代表者等が電子署名を付与すれば，添付情報として利用が可能です。

Q2　マイナンバーカード署名機能の登記利用の可否

クラウドサインのマイナンバーカード署名機能（2023年7月実装）で電子署名したファイルは，商業登記のオンライン申請で利用できますか。利用できる場合，実印相当の電子署名が必要な添付情報と扱われますか。

A2

本書執筆時点（2023年11月1日）現在では，総務省による規制（認証業務及びこれに附帯する業務の実施に関する技術的基準（平成15年総務省告示第706号））により，クラウドサインからマイナ署名済ファイルをダウンロードできないために利用できません。ただし，マイナ署名の民間活用を促進する目的から当該規制の見直しが進められており，2024年以降にはダウンロードが認められ，オンライン申請でも利用可能となる見込みです。

第Ⅱ部　完全オンライン申請の準備

179

6．電子署名の手順（電子印鑑 GMO サイン利用）

以下，電子印鑑 GMO サインを利用した電子署名の手順です。

手順

1/3 送信者側

▶サービス申込み，ログイン
　（無料プランでも利用可）

▶ファイルをアップロード

▶宛先等入力（複数可）

▶署名位置を設定して送信

2/3 受信者側

▶確認依頼のメールが届きます。

▶書類内容を確認し，同意します（合意締結完了）。

3/3 送信者側

▶締結完了のメールが届きます。

▶ログインして署名済みファイルをダウンロードします。

署名検証の手順は次頁以降で解説します。

1　文書の作成者（取締役等）による電子署名が必要となるため，文書の作成者（取締役等）のメールアドレスを宛先として指定する必要があります（ただし署名依頼時に署名者変更を許可すれば転送設定も可）。

7．署名検証の手順（電子印鑑 GMO サイン利用）

　以下，電子印鑑 GMO サインを利用して電子署名が付された PDF ファイルの署名検証の手順です。検証内容は，下記 4 点です（前述 106 頁）。

❶電子署名の主体（誰の指示で誰が署名しているか[1]）

❷電子署名の検証（改ざんされていないか）

❸電子証明書・電子署名サービスの種類[2]（商業登記で利用可能か）

❹電子証明書の有効性（有効期間内か，失効していないか）

手順

1/3 PDF ファイルを開く

▶電子署名済みのファイルを Adobe Acrobat Reader で開く

▶検証したい署名者の印影をクリック

※不可視署名（印影のない電子署名）[3]の場合は，「署名パネル」＞「バージョン」を右クリック＞「署名のプロパティを表示」

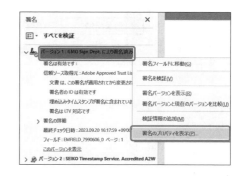

1　クラウド型（事業者型）電子署名は，文書作成名義人自身でなく，文書作成名義人の指示に基づき事業者が電子署名を付与するため。

2　電子証明書（発行者）だけでなく，サービス名及びサービス事業者名も含めて法務大臣の指定がなされているため。

3　署名依頼時に，署名ボックスを設置しない場合は，不可視署名（印影のない署名）となります。

2/3 署名のプロパティの確認

▶「GMO Sign Dept. によって署名されています」の文言を確認（❶）

▶理由欄の氏名と文書作成名義人（取締役等）との一致を確認（❶）

▶「文書は，この署名が適用された後，変更されていません。」の文言を確認（❷）

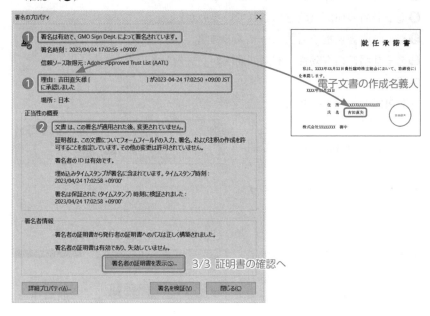

3/3　証明書の確認

▶「署名者の証明書を表示」をクリック

▶発行者が，法務局 HP[4]の法務大臣の定める電子証明書（発行者）[5]と相違ないかを確認（❸）

▶有効期間内であることを確認（❹）

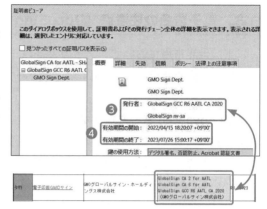

（最新情報は，次の法務省 Web サイトで確認します）
法務省「商業・法人登記のオンライン申請について」
（https://www.moj.go.jp/MINJI/minji60.html）

▶失効タブをクリック

▶「選択した証明書は有効です」との表示を確認（❹）

以上で，電子印鑑 GMO サインの署名検証は終了です。

署名検証に問題がない場合は，申請情報に本ファイルを添付します[6]。

第Ⅱ部　完全オンライン申請の準備

4　サービス名・事業者名・電子証明書は法務省 HP 上で随時更新・追加されます。

5　本書執筆時点（2023 年 11 月 1 日）では，電子印鑑 GMO サインは，複数の電子証明書が法務局指定されています（そのうちの 1 つと合致すればよい）。

6　署名済みファイルが，代表者選定の取締役会議事録等で，実印相当の電子署名を要する場合は，本ファイルに追加で，法務省指定の「申請用総合ソフト」を利用し，商業登記電子証明書やマイナンバーカードで電子署名を付与します。

8．電子署名の注意点（DocuSign 利用時）

　以下，世界市場においてシェアの大きい「DocuSign（ドキュサイン）」を用いて，商業登記の添付情報に電子署名する場合の特別な注意点です。

①「EU Advanced 署名方式（オプション）」であること

　本書執筆時点で，DocuSign において，商業登記に利用できる電子署名は，サービス名「EU Advanced」が法務省 HP で指定されています[1]。「EU Advanced」を利用するには，DocuSign の各プランへの加入だけでなく，オプションとして付加する必要があります。そのうえで「EU Advanced」方式を指定した設定（署名又はイニシャルを配置）で，署名依頼を行います。

②電子署名したファイルは統合してダウンロードしない

　DocuSign の EU Advanced で電子署名したファイルは，「すべて／2ファイル」又は，「文書／1 PDF」を選択して，ダウンロードを実行する必要があります（「すべての PDF を統合」を選択してダウンロードすると，EU Advanced 署名が反映されないため）。

③追加で電子署名（商業登記電子証明書等）を付与できない場合がある

　DocuSign（EU Advanced 方式）で電子署名した PDF ファイルは，ロックがかかっているために，Adobe Acrobat Reader 等では電子署名を追加できない場合があります。この場合は，「申請用総合ソフト」（104 頁参照）か「RSS-SR」（102 頁参照）を用いて，DocuSign で電子署名済みの PDF ファイルに追加で電子署名を試みます。

本文参考：DocuSign「EU Advanced 署名ご利用時の注意点」
　　　　　（https://www.docusign.com/ja-jp/blog/what-you-should-know-when-using-eu-advanced-signature）

商業登記完全オンライン申請の実践

第Ⅲ部では，第Ⅱ部で取得した各電子証明書を利用して，商業登記とその周辺業務を具体的にどのように進めていくか，操作画面や書式例を適宜挿入しながら，その手順を詳解していきます。

①デジタル完結可の商業登記周辺業務

　商業登記申請だけでなく，その周辺業務も第Ⅱ部で紹介した電子証明書を利用してデジタル完結が可能です。第Ⅲ部では，法務省の申請用総合ソフトを主に利用して，これらの手順を詳解します。

第Ⅲ部 「商業登記完全オンライン申請の実践」

①定款認証の概要

• 定款とは

定款は，会社・法人の目的，組織，活動に関する根本となる基本的な規則そのものと，その記載を記載した書面又は電磁的記録（ファイル）を意味します。定款の作成は会社・法人を設立する最初の手続となります（会社法26条他）。

• 定款の認証とは

定款の認証とは，公証人が，正当な手続により定款が作成されたことを証明することをいいます。株式会社等の定款は，法定事項を記載して発起人（設立後に株主となる者）全員が署名，記名押印又は電子署名し，かつ，公証人の認証を受けなければ，その効力を生じません（会社法30条1項）。

株式会社等の設立登記申請を行う際には，書面・オンライン申請を問わず，公証人による認証を受けた定款を法務局へ提出します。

株式会社を筆頭に，次の会社・法人を設立する際には公証人による定款（設立当初の原始定款）の認証を受ける必要があります。

①株式会社

②一般社団法人及び一般財団法人

③税理士法人・司法書士法人・行政書士法人・土地家屋調査士法人・社会保険労務士法人・弁護士法人・監査法人・特許業務法人・特定目的会社・相互会社・金融商品会員制法人

④信用金庫，信用中央金庫及び信用金庫連合会

なお，いわゆる持分会社（合同会社・合資会社・合名会社）の定款については，公証人の認証を必要としません（定款作成後は，公証人の認証を受けずに設立登記を進めます）。

• 定款の認証費用（株式会社（又は特定目的会社）の定款認証の手数料）

資本金等の額	定款認証の公証人手数料
100万円未満	3万円（手数料令35条1号）
100万円以上300万円未満	4万円（同条2号）
300万円以上	5万円（同条3号）

　一般社団法人及び一般財団法人の定款認証の手数料は，５万円です（手数料令35条）。

　なお，株式会社の定款を書面で作成する場合には，印紙税法により，さらに，４万円の収入印紙の貼付が必要となりますが，電子定款の場合は，印紙代は不要です。その他，電磁的記録の保存（300円），同一の情報の提供謄本（700円＋20円×紙枚数）の費用が加算されます。

・定款認証をする公証役場

　定款の認証は，会社の本店の所在地を管轄する法務局又は地方法務局に所属する公証人が行います（公証人法62条の２）。各都府県で設立する会社は，各都府県内のいずれかの公証役場で認証を受ければよいこととなります（北海道のみ札幌・函館・旭川・釧路の４か所に所属法務局が分かれているため，本店がある管轄内の公証役場で認証を受ける）。

　　日本公証人連合会「公証役場一覧」

　　（https://www.koshonin.gr.jp/list）

・定款の作成方法

　株式会社の定款の記載例については，日本公証人連合会が公表している，会社の規模別に４類型（小規模・中小規模・中規模・大規模）の定款モデルが一つの参考となります。

　　日本公証人連合会「定款等記載例」

　　（https://www.koshonin.gr.jp/format）

　合同会社の定款については，法務局の申請書様式（合同会社設立登記申請書の申請書様式）の定款箇所を参考にして作成するのが一案です。

　　法務局「商業・法人登記の申請書様式」

　　（https://houmukyoku.moj.go.jp/homu/COMMERCE_11-1.html）

　なお，上記の定款の記載例は，あくまでも最大公約数的な一つの事例です。定款は，設立する会社の規模や目的，事業計画等に合わせて，最新の会社法及び周辺法令や先例に即しながら，個別に設計する必要があります。また，定款に不備や不足等があると，公証役場や法務局との間で手戻りの発生や，設立登記後に，あらためて変更や更正の登記が必要となり，かえって手間と費用がかさむ場合もあります。そのため，定款作成段階から，

司法書士等の専門家への相談を本書では推奨します。

• **実質的支配者の申告制度とは**

　実質的支配者の申告制度とは，株式会社，一般社団法人，一般財団法人の定款認証の嘱託人が，定款認証を行う場合に，実質的支配者となるべき者について，その氏名，住居及び生年月日等と，その者が暴力団員，国際テロリスト又は大量破壊兵器関連計画等関係者に該当するか否かを公証人に申告する制度です（公証人法施行規則 13 条の 4）。

　実質的支配者となるべき者とは，法人の事業経営を実質的に支配することが可能となる関係にある個人をいい（株主が 1 名の会社であれば当該株主が実質的支配者となります），具体的には，犯収法施行規則 11 条 2 項で定義されています。概ね以下のとおりです。

　株式会社では，①株式の 50％を超える株式を保有する個人，そのような者がいない場合には，②25％を超える株式を保有する個人，そのような者もいない場合には，③事業活動に支配的な影響力を有する個人，そのような者もいない場合には，④代表取締役が該当します。

　一般社団法人，一般財団法人では，⑦事業活動に支配的な影響力を有する個人，そのような者がいない場合には，④代表理事が該当します。

　具体的な申告方法は，日本公証人連合会 HP（下掲）で提供される「申告書」に必要事項を入力したファイルを，定款案の点検時等に，公証人にメールで送信します。印刷した申告書を持参・郵送・FAX で提出することも可能です。

（実質的支配者となるべき者の申告書のダウンロード）

　　日本公証人連合会「9-4　定款認証」

　　（https://www.koshonin.gr.jp/notary/ow09_4）

• **備考（起業家の負担軽減に向けた定款認証の見直し）**

　なお，本書執筆時点（2023 年 11 月 1 日）で，政府にて，起業家の負担軽減に向けた定款認証の見直しの検討が進められており，本章で紹介する定款認証の概要・手順は，本書刊行後に変更の可能性があることに留意ください。

②定款認証の手順（申請用総合ソフト利用）

　以下，株式会社の定款認証を，申請用総合ソフトを利用して，オンラインで申請する手順です。

必要なもの

- PC（Windows 10/11）／・IC カードリーダー（カードタイプの電子証明書利用の場合）
- マイナンバーカード等の電子証明書（発起人全員，代理申請時は代理人も）
- 定款／・実質的支配者の申告書，根拠資料，本人確認書面
- 登記・供託オンライン申請システムへの登録………68 頁参照
- 申請用総合ソフト（法務省）のインストール………70 頁参照

概観

1/10　電子証明書の取得（発起人全員）	7/10　オンライン申請
2/10　定款案・申告書の作成	「電磁的記録の認証の嘱託」の送信
3/10　公証役場へ連絡	**代理申請時** 「電子署名付委任状」の送信
4/10　認証日時・担当公証人の調整	8/10　テレビ電話で認証
5/10　定款（＋委任状）に電子署名	9/10　定款のダウンロード
6/10　手数料の納付	10/10　（申告受理書等の受領）

◆定款認証のオンライン申請で利用できる電子証明書

	定款認証（本人申請）		定款認証（代理申請）		
	申請情報	定款	申請情報	定款	委任状
(1)商業登記電子証明書	○	○	○	○	○
(2)マイナンバーカード	○	○	○	○	○
(3)特定認証業務電子証明書					
・セコムパスポート for G-ID ・電子認証サービス（e-Probatio PS2）	○	○	○	○	○
・TDB 電子認証サービス TypeA ・AOSign サービス G2 ・DIACERT（PLUS）サービス	×	×	×	×	×
(4)その他					
・クラウドサイン ・電子印鑑 GMO サイン　等	×	×	×	×	×

参照：指定公証人の行う電磁的記録に関する事務に関する省令9条1項
　　　法務省「電子署名の方式等に関する件（告示）」
　　　（https://www.moj.go.jp/MINJI/DENSHIKOSHO/denshikosho4.html）
　　　日本公証人連合会「9-5　電子公証」（https://www.koshonin.gr.jp/notary/ow09_5）

手順

1/10　電子証明書の取得

▶発起人（会社の設立時株主）全員の電子証明書を準備します。利用できる電子証明書は前頁表のとおりです。株主が自然人（個人）である場合は，マイナンバーカードの電子証明書を用いるのが一般的です。

2/10　定款案・実質的支配者申告書の作成

▶設立する株式会社の定款案を作成します（188頁参照）。

　また，実質的支配者の申告書を以下URLからDLして，必要事項を入力します。

　　日本公証人連合会「9-4　定款認証」

　　(https://www.koshonin.gr.jp/notary/ow09_4)

3/10　公証役場へ連絡

▶認証を受けたい公証役場（設立する会社の本店と同都府県内の公証役場のいずれか）のHPを確認し，HP記載のメールアドレスか問合せフォーム・電話にて以下の事項を連絡します。

• オンラインでの定款認証を希望し，定款案の点検を受けたい旨（定款案を添付する。WordでもPDFでも可。電子署名不要）

• 代理申請時 発起人から定款作成代理人への委任状は，押印書面の郵送ではなく，発起人のマイナンバーカード等での電子署名付委任状を送信したい旨

• テレビ電話での認証を希望する旨（公証役場に出向く場合は不要）

• 手数料はクレジットカード納付を希望する旨（銀行振込みでも可）

▶加えて，定款案の確認に要するおおよその日数，認証日の目安も確認します（公証役場やその時の状況により異なるため，設立登記を急ぐ場合は注意ください）。

第Ⅲ部　完全オンライン申請の実践

（メール文面例）
件名：電子定款認証のご依頼（株式会社●●●●）

●●公証役場　御中
初めまして。●●●●と申します。

株式会社●●●●の設立にあたって，
電子定款認証をテレビ会議で貴所にご依頼したく存じます。

つきましては定款案の事前確認をお願いできますでしょうか。

代理申請時

なお，発起人から代理人への委任状は，押印書面の郵送ではなく，発起人のマイナンバーカード電子署名付委任状の送信で行いたいのですがご対応は可能でしょうか。

※定款の謄本（同一情報の提供），申告受理及び認証証明書，電子定款入りの CD-R，領収書（書面）を希望する場合は，デジタルでは完結せず，公証役場へレターパックの送付が必要となります。

4/10　認証日時・担当公証人の調整

▶公証役場からメール・電話等で折り返しの連絡が来ます。定款案の修正事項や補足情報の確認がありますので対応します。確認終了後，あるいは並行して，電子定款の認証の候補日時が提示されますので調整します。

5/10　定款（＋委任状）に電子署名

▶公証人の定款の事前確認を終えたら，自身でも最終確認を行い，定款をPDF ファイル化して，発起人（代理申請時は代理人）が電子署名を付与します（利用できる電子証明書は 190 頁表）。

　なお，定款認証のオンライン申請（電磁的記録の認証の嘱託）をする場合に提出可能なファイルの種類は，電子署名付き PDF ファイルのみで，申請用総合ソフトを利用した電子署名付き PDF フォルダ（XMLファイル方式）は利用できない点にご注意ください。各電子証明書での電子署名の方法については本書第Ⅱ部の各頁を参照ください（マイナンバーカードでの電子署名は 132 頁以下）。

代理申請時

発起人から代理人（司法書士等）宛の委任状（定款を別紙として結合し

た PDF ファイル）に，発起人が電子署名を付与したものを受領します。

　また，本人申請の場合でも，発起人が複数となる場合は，電子認証を行う発起人以外の発起人全員から電子認証を行う発起人に宛の委任状，他の発起人全員が委任状に電子署名を付与します。

◆委任状の例

委　任　状

住所　××××××××××××××××××××××××××××××
氏名　司法書士　××××

　　上記の者を代理人と定め，次の権限を委任します。

1．××××株式会社の設立に際し，電磁的記録であるその原始定款（別紙添付）の作成，認証の請求，電子定款受領に関する一切の件
1．電磁的記録の保存，同一情報の提供（謄本）の交付請求及び受領に関する一切の件
1．実質的支配者となるべき者の申告書の作成・提出及び申告受理証明書の請求及び受領に関する一切の件
1．復代理人選任の件

　　令和××年××月××日

××××株式会社

　　発　起　人　　×××××××××××××××××
　　　　　　　　　××××

（複数いる場合　※連名の委任状でなく，委任状を複数にしても可）
　　発　起　人　　×××××××××××××××××
　　　　　　　　　××××

（本委任状を表紙として定款を 2 枚目以降に貼付し，1 つのファイルとします）

※委任状をオンラインでなく書面で公証役場へ提出する場合は，発起人の印鑑証明書の提出も必要です（委任事項に「添付書類の原本還付請求に関する一切の件」を加える）。

6/10　手数料の納付

▶クレジットカード納付を希望する場合は，その旨を伝えると，公証役場からメールで案内が届くので文面の指示に従って手数料の支払いを行います。銀行振込みとする場合は，公証役場指定の口座に支払いを行います。申請用総合ソフトからは納付できない点に注意ください。

7/10 オンライン申請

定款認証日時までにオンライン申請を行います。

▶申請用総合ソフトを起動し，
　ログイン

▶申請書作成＞電子公証＞電磁
　的記録の認証の嘱託【署名
　要】を選択

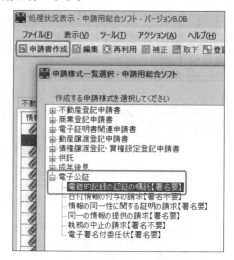

①申請書作成

▶件名は任意の名称で可
▶申請区分は「定款認証のみの
　申請」を選択
▶嘱託人情報は，申請を行う発
　起人（代理申請時は代理人）
　の氏名と読み（カナ）を入力
▶実質的支配者の氏名と読み
　（カナ）を入力（複数の場合
　は全員）
▶法務局名を選択して決定
▶依頼した公証役場を選択して
　決定
▶認証日時を調整した公証人を選択
▶「プレビュー」で誤記がないか，「チェック」で不備がないかを確認
▶このまま申請する場合は「完了」（中断する場合は「一次保存」）

②ファイル添付

▶ツールバー「アクション」>「ファイル添付」

▶「ファイル追加」から電子署名済みの定款ファイル（PDF）を選択し「開く」

※ファイル名に許可されていない文字が入っている場合は添付エラーとなります。

▶添付ファイル名に反映されたことを確認して「保存」

▶情報欄にクリップの印が付与されたことを確認

ファイル名の注意事項

①電子定款のファイル名は任意ですが，利用可能な文字は「半角英数字」「全角英数字」「全角かな」「全角カナ」「半角記号」「全角記号」「JIS 第 1・第 2 水準の漢字」です。

②また，文字数は「全て半角は 31 文字以内」「全て全角は 15 文字以内」である必要があります。※全角 1 文字は半角 2 文字として計算

③ただし，以下の文字はファイル名に使えません。

- JIS X 0208-1997 の第一水準，第二水準，非漢字の範囲外の文字
- 半角スペース，全角スペース
- 半角記号：「"」，「#」，「&」，「'」，「(」，「)」，「=」，「^」，「~」，「?」，「|」，「`」，「:」，「;」，「*」，「+」，「,」，「<」，「>」，「/」，「?」，「$」，「%」，「@」，「[」，「]」
- 全角記号：「—」，「～」，「∥」，「－」，「¢」，「£」，「¬」

第Ⅲ部　完全オンライン申請の実践

③電子署名の付与

▶ツールバーの「署名付与」を
選択

▶マイナンバーカードで電子署
名する場合は「ICカードで
署名」をクリック（ファイル
タイプの電子証明書で署名す
る場合は「ファイルで署名」）

▶（マイナンバーカードの場
合）カードをICカードリー
ダーに差し込むか，かざして
「OK」

▶電子証明書のパスワード（マ
イナンバーカードの場合は6
～16桁の半角英数字）を入
力して「確定」

▶情報欄に 署 の文字が表示さ
れ，処理状況が「未送信」と
なったことを確認します。

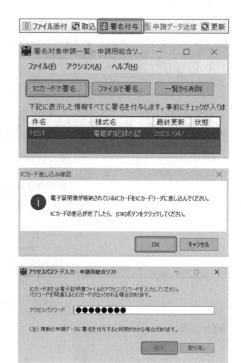

④申請情報の送信

▶内容を最終確認のうえ，問題
がなければ「申請データ送
信」をクリック

▶「すべて選択」し「送信」で
申請情報が公証役場へ送信さ
れます。

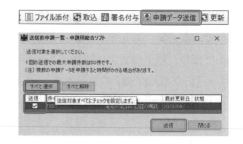

代理申請時 司法書士等が代理申請で定款認証を完全オンラインで申請する場合は，「電磁的記録の認証の嘱託」の申請をした後に，取得した申請番号を入力し，「電子署名付委任状」を送信します（連件申請ではない点にご注意ください）。

① 「電磁的記録の認証の嘱託」の申請
添付情報（定款）…代理人が電子署名
申請情報……………代理人が電子署名

↓ （申請番号を取得）

② 「電子署名付委任状」
　の申請
添付情報（発起人の委任状）
　………………………発起人が電子署名
申請情報……………代理人が電子署名
※申請番号を「対象となる申請情報」に
　記入する
※一部の公証役場では「電子署名付委任状」の申請情報について，代理人でなく発起人による電子署名とその送信を求められるため，事前にその取扱いを確認ください。
※発起人委任状を書面提出とする場合は，発起人の印鑑証明書（発起人が法人の場合は履歴事項全部証明書も）の提出も必要です。

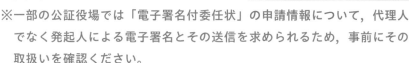

第Ⅲ部　完全オンライン申請の実践

8/10 テレビ電話で認証

▶認証日時がきたら，メールの案内の URL をクリックして，公証人との通話を開始します（PC の場合は Chrome 推奨。スマホの場合は事前に専用アプリ DL が必要）。

▶嘱託人の本人確認等が行われます。確認には顔写真付きの身分証明書の提示が必要となるため，あらかじめ準備ください。

9/10 定款のダウンロード

▶電子定款が認証されると，申請用総合ソフトの電子公証タブ内の「公文書」ボタンが青字となりますのでクリック

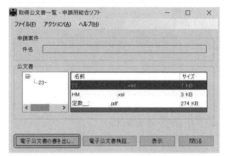

▶「電子公文書の書き出し」をクリックし，ファイルの保存先を参照で指定

▶「export.zip」で保存されますので展開・解凍

▶件名を含む zip ファイルをさらに展開・解凍

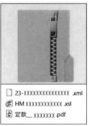

▶数字のみのフォルダが現れます（［xml］［xsl］［pdf］ファイルを内包しています）。

▶設立登記申請ではこの数字のみのフォルダを添付します。

▶本フォルダの署名検証は，申請用総合ソフトで可能です（XML 方式の署名検証。116 頁参照）。

以上で，定款認証のオンライン申請は完了です。お疲れ様でした。

10/10 （申告受理書等の受領）

▶定款認証前に，定款の謄本（同一情報の提供），申告受理及び認証証明書，電子定款入りの CD-R，領収書（書面）を希望しており，レターパック等を公証役場へ送付していた場合は，これらが認証後に送付されます。

③（参考）法人設立ワンストップサービス

• 法人設立ワンストップサービスとは

　デジタル庁が所管する，定款認証を含む，法人設立に関する各省庁等（公証役場・法務局・税務署・地方公共団体・年金事務所・労働基準監督署・公共職業安定所）の以下の手続を一度にまとめてオンライン申請できるサービスの総称です（無償）。マイナンバーカードと IC カードリーダー（又は NFC 対応のスマホ）を利用して電子署名を行うことでデジタル完結することができるシステムです。

　各説明が専門家向けのままでやや難しく，入力事項と画面遷移が少なくはありませんが，無償なうえ，利便性の高いサービスです。デジタル庁への移管もあって，今後の使い勝手の益々の向上が期待されます。

◆法人設立ワンストップサービスで申請可の手続（2023 年 5 月 31 日時点）

電磁的記録の認証の嘱託（定款認証）	公証役場
電子署名付委任状の申請	公証役場
執務の中止の請求（定款認証の取下げ等）	公証役場
設立登記の申請及び取下げ	法務局
商業登記電子証明書の発行申請及び取下げ	法務局
法人設立届出	税務署
給与支払事務所等の開設等届出	税務署
消費税の新設法人に該当する旨の届出	税務署
青色申告の承認申請	税務署
棚卸資産の評価方法の届出	税務署
減価償却資産の償却方法の届出	税務署
有価証券の一単位当たりの帳簿価額の算出方法の届出	税務署
定款の定め等による申告期限の延長の特例の申請	税務署
消費税課税事業者選択届出	税務署
消費税簡易課税制度選択届出	税務署
消費税課税期間特例選択・変更届出	税務署
源泉所得税の納期の特例の承認に関する申請	税務署
電子申告・納税等開始（変更等）届出（税理士代理提出・法人開始用）	税務署
消費税の特定新設法人に該当する旨の届出	税務署
事前確定届出給与に関する届出（付表 1：金銭交付用）	税務署
事前確定届出給与に関する届出（付表 2：株式交付用）	税務署
事前確定届出給与に関する届出（付表 1：金銭交付用，付表 2：株式交付用）	税務署
消費税申告期限延長届出	税務署
適格請求書発行事業者の登録申請（国内事業者用）	税務署
事業所等新設・廃止申告	地方公共団体
法人設立・設置届（都道府県）	地方公共団体
法人設立・設置届（市町村）	地方公共団体
申告書の提出期限の延長の処分等の届出・承認申請	地方公共団体
健康保険・厚生年金保険新規適用届	年金事務所
保険関係成立届（継続）（一元適用・二元適用労災保険分）	労働基準監督署
雇用保険の事業所設置の届出	公共職業安定所
雇用保険被保険者資格取得届	公共職業安定所
G ビズ ID プライムアカウント発行申請	デジタル庁

①商業登記申請の手順（申請用総合ソフト利用）

　以下，会社・法人の商業登記の申請を，申請用総合ソフトを利用して，オンラインで行う手順です。

必要なもの

- PC（Windows 10/11）
- 電子証明書（申請人，代理人，添付情報作成者）
- IC カードリーダー（カードタイプの電子証明書利用の場合）
- 申請用総合ソフトのインストール…………68 頁参照
- 登記・供託オンラインシステム登録………70 頁参照

概観

1/9 添付情報の特定，作成

2/9 電子証明書の取得

3/9 申請情報の作成

4/9 添付情報の署名，添付

5/9 申請情報への署名，送信

6/9 受付の確認

7/9 免許税の納付

8/9 （補正・取下げ）

9/9 登記完了

商業・法人登記のオンライン申請の利用時間（登記・供託オンラインシステム）

- 平日 8 時 30 分から 21 時まで（登記所での受付は 17 時 15 分まで）
  （国民の祝日・休日，12 月 29 日から 1 月 3 日までの年末年始を除く）
- 利用時間外は請求情報の送信ができません（請求情報の作成や一時保存は可）
- 請求情報が，17 時 15 分から 21 時までに送信された場合は，請求情報を送信した日の翌業務日に登記所で受付されます

手順

1/9 添付情報の特定，作成

- 申請する登記に必要な添付情報を特定し，作成します。法務局が提供する申請書様式記載例に，必要な添付情報書式があるので参考になります。ただし，添付情報の種類や記載事項は，個別具体的な案件ごとに細かく異なるので，ある程度複雑な事案の場合は司法書士や弁護士への相談を推奨します。

> 法務局「商業・法人登記の申請書様式」
> （https://houmukyoku.moj.go.jp/homu/COMMERCE_11-1.html）

　主要な登記の添付情報の一覧と，利用できる電子証明書を巻末にまとめましたのでこちらも適宜参照ください（244 〜 245 頁）。

2/9 電子証明書の取得

- 商業登記のオンライン申請で利用できる電子証明書は以下の表のとおりです。所持している電子証明書のみで足りない場合は，電子証明書の取得，電子署名サービスへの加入を検討します（36 〜 37 頁，172 〜 174 頁参照）。

	商業登記（本人申請）			商業登記（代理申請）			
	申請情報	添付情報		申請情報	添付情報		
		（実印要）	（実印不要）		（委任状）	（実印要）	（実印不要）
(1)商業登記電子証明書 （≒会社実印・個人実印相当）	○	○	○	○	○	○	○
(2)マイナンバーカード （≒会社実印・個人実印相当）	○	○	○	○	○	○	○
(3)特定認証業務電子証明書[*1] ・セコムパスポート for G-ID （≒会社実印・個人実印相当）	○[*2]	○	○	○	○[*2]	○	○
・e-Probatio PS2 ・TDB 電子認証サービス TypeA ・AOSign サービス G2 ・DIACERT（PLUS）サービス	×	○	○	○	×	○	○
(4)その他（≒認印相当） ・クラウドサイン ・電子印鑑 GMO サイン ・ドキュサイン（EU Advanced）等	×	×	○	×	×	×	○

[*1]　氏名及び住所を確認することができるものに限る。

[*2]　氏名，住所，出生年月日を確認することができるものに限る。

3/9 申請情報の作成

　申請用総合ソフトを起動して申請情報を作成します。

▶申請書作成＞「登記申請書（会社用）【署名要】」を選択（会社の場合）

※設立登記の場合は，「設立登記申請書」を選択します。

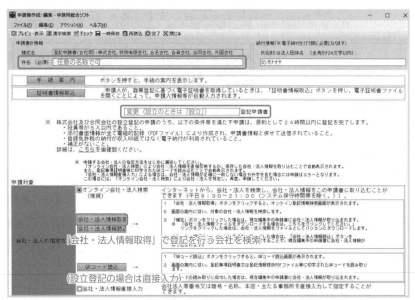

▶申請情報を入力していきます。

会　社　種　別	※選択してください※ ✓		会社法人等番号（半角数字12桁） XXXX-XX-XXXXXXX の「-」を除く（数値のみを入力）	▓▓▓▓
商　号（フ リ ガ ナ）	全角カナで入力			
	※　会社種別のフリガナは不要です（「株式会社法務商事」の場合：ホウムショウジ）。			
商　　　　　号 （会社の名前）	▓▓▓▓▓▓▓▓▓▓▓			
本　　　　　店 （会社の住所）	▓▓▓▓▓▓▓▓▓▓▓			
営業所（外国会社） ✓				
登　記　の　事　由	例）取締役の変更　　　例）本店移転 例）募集株式の発行　　例）新株予約権発行　等			
商　　　　　号（フ リ ガ ナ） （変更後）				
	※　会社種別のフリガナは不要です（「株式会社法務商事」の場合：ホウムショウジ）。 　　商号を変更する場合のみ記載してください。			
登記すべき事項	別紙のとおり　　別紙表示			

▶「別紙表示」で別紙（登記すべき事項≒登記簿に反映される情報）を作成します。

▶作成例に申請する登記があれば，選択して「転記」して加筆修正します。

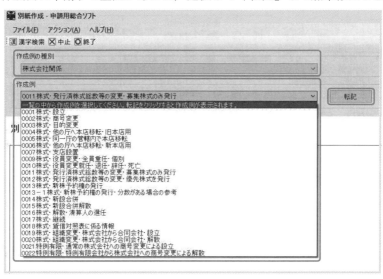

　　登記すべき事項の作成例は，法務局ホームページからも確認可能です。

　　　法務省「登記事項の作成例一覧」

　　（https://www.moj.go.jp/MINJI/MINJI50/minji50-01.html）

▶「課税標準金額」会社設立時は資本金額，増資時等は増加資本金額を入力します（該当しない場合は空欄のまま）。

▶「登録免許税」登記事由の登録免許税を入力します（巻末資料246〜249頁参照）。

第Ⅲ部　完全オンライン申請の実践

書面送付か持参の添付情報がある　　設立や管轄外本店移転，代表者交代等，
場合は，別送の有無「有」　　　　　印鑑届出を行う場合は，印鑑届出の有無「有」

別 送 の 有 無	⦿ 無　◯ 有	※ 別に登記所あてに持参又は送付するものがあるときは，「有」を選択してください（印鑑届出は除く。）
印 鑑 届 出 の 有 無	⦿ 無　◯ 有	※ 印鑑の提出をする場合には，印鑑届書の提出が必要となりますので「有」を選択してください。書面の印鑑届書を管轄の登記所に持参又は郵送するか，もしくは作成した印鑑届書ファイルを申請書に添付してオンラインで提出してください。オンラインで提出する場合の詳細は<u>こちら</u>で確認してください。

上記のとおり登記を申請する。　　申請情報を送信する日

登記簿の記載どおりに入力
※ただし，これらの変更事項がある
　場合は変更後の内容で入力

申 請 年 月 日	令和5年8月18日

カレンダー

申 請 人	本 店	
	商 号	
	代表者住所	
	資 格	氏 名

職務執行者追加

上 記 代 理 人

代理申請の時のみ入力
「登録事項転記」で登録情報
が反映されます

登録事項転記　ボタンを押すと，利用者登録情報が転記されます。

住 所	
氏 名	
会社法人等番号	

※ 会社等の登記事項証明書の添付を省略するときは，当該会社の会社法人等番号を明記してください。

会社・法人情報取

会社・法人情報読

インターネットから，会社・法人を検索し，会社・法人情報をこの申請に取り込むことができます（平日8：30～21：00（システム保守時間帯を除く。））。

申 請 先 登 記 所	登記所名	御 中	登記所コード

申請先登記所選択

登記所管轄一覧へリンク　インターネットから，登記所の管轄を確認することができます。

経 由 の 有 無	⦿ 無　◯ 有	※ 管轄登記所以外の登記所を経由して申請すべき場合は，「有」をチェックし，管轄登記所名を以下に入力してください。

管轄登記所

申請先登記所：会社の本店を管轄する登記所を選択します（管轄が不明の場合は「登記所管轄一覧
へリンク」から調べます。あるいは巻末資料250～255頁参照）

経由の有無：通常は「無」。管轄外本店移転等，上記の申請先登記所を経由して別の登記所へ申請
情報を送信するときのみ「有」をチェックし，当該登記所を入力。

その他の申請書記載事項　※ 上記以外に申請書に記載すべき事項があるときは，次に記載してください。
連絡先の電話番号を記載しておきます

◎ プレビュー表示　漢 漢字検索　☑ チェック　💾 一時保存　🔄 再読込　◎ 完了　✕ 閉じる

▶上部ツールバーの「プレビュー」で誤記がないか目視し，「チェック」
　で不備がないかを確認
▶このまま申請する場合は「完了」（中断する場合は「一次保存」。再開す
　る場合は，処理状況一覧のツールバーの「編集」から）

4/9 添付情報への署名，添付

　添付情報へ電子署名を付与し，電子署名済みファイルを申請情報に添付します。電子署名の方法については，各電子証明書の署名方法の頁を参照ください。添付情報への電子署名が完了したら，申請情報への添付を行います。

> **（取締役会議事録への電子署名について）**
>
> 　添付情報が，代表取締役選定（重任を含む）の議案のある取締役会議事録の場合，クラウド型電子署名のみでは足りず（書面の場合に変更前の代表取締役の会社実印か出席取締役全員の個人実印が必要となる場合であるため），代表者が実印相当の電子証明書（商業登記電子証明書，マイナンバーカード，特定認証業務電子証明書）のいずれかで，取締役会議事録に電子署名を重ねて付与する必要があります。
>
> 　この場合，代表者以外の取締役・監査役がクラウド型電子署名を付与した後に，代表取締役が商業登記電子証明書等で電子署名を追加で付与する手順をとる必要があるのでご注意ください（署名の順序を逆にすると証明書の有効性確認ができなくなるため）。

▶申請情報の作成中の場合は一時保存か完了して，処理状況一覧画面からツールバーの「アクション」＞「ファイル添付[1]」を選択します。

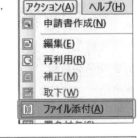

▶添付するファイルを選択して「保存」します。
- 認証済み定款＞「公文書フォルダ追加」
- 署名済 PDF ファイル＞「ファイル追加」
- 署名済 PDF フォルダ（XML方式）＞「署名付き PDF フォルダ追加」

※一部の添付情報をオンラインで送信し，その他の添付書面を郵送・持参で提出することも可能です（商登規 102 条 2 項ただし書参照）。

第Ⅲ部　完全オンライン申請の実践

1　一つの申請で送信できる添付情報のファイルサイズは，合計で 15MB まで。

5/9 申請情報への署名，送信

▶申請情報につき「プレビュー表示」で問題がなければ「完了」させます。

〔 ◎プレビュー表示 漢漢字検索 ☑チェック 💾一時保存 🖳再読込 ◎完了 ✖閉じる 〕

▶処理状況一覧から，対象の案件が選択されていること（青背景）を確認
して，申請情報に「署名付与」を行います。利用できる電子証明書は前
述 201 頁表のとおりです。

〔 📄ファイル添付 🔄取込 📇署名付与 🖥申請データ送信 🔄更新 〕

▶案件をダブルクリックすると，プレビューが表示されます。再度，誤記
や漏れがないか確認のうえ，「申請データ送信」を行います。

〔 📄ファイル添付 🔄取込 📇署名付与 🖥申請データ送信 🔄更新 〕

▶連件申請がある場合（管轄外本店移転や組織再編・組織変更等）はここ
で順番欄に 1，2 と半角数字で入力します。
▶「すべて選択」し「送信」で管轄法務局へ申請情報が送信されます。
▶「状態」が「送信完了」となったことを確認して「閉じる」

6/9 受付の確認

▶申請データがシステムに到達すると，処理状況が「到達・受付待ち」と
なり，「到達」ボタンが青字となります。
▶しばらく経って「更新」ボタンをクリックすると，「受付確認」「お知ら
せ」「納付」ボタンも青字で表示されます。
▶「受付確認」をクリックすると，ブラウザで「受付のお知らせ」が表示
されます。受付登記所，受付年月日，受付番号，申請を受け付けた旨等
が記載されており，オンライン申請における受付票に該当するものです。
必要に応じて，PDF 化してファイル保存したり，代理申請の場合はク
ライアントへの共有を行います。

7/9 電子納付

▶利用時間内に申請情報が到達後，数分待ってから「更新」し，「納付」ボタンが青字で表示されたら，電子納付を進めます（具体的な方法は，「電子納付の方法」76頁参照）。

> なお，電子納付の期限は，申請書情報が登記・供託オンライン申請システムに到達した日の翌日から起算して３日間（ただし，行政機関の休日に関する法律第１条第１項に掲げる休日は除きます。）です。例えば，申請書情報が金曜日の業務終了後にシステムに到達した場合は，月曜日から起算して３日目の水曜日が納付期限に当たります。

8/9 補正・取下げ

　補正（登記申請情報や添付情報に不備）があった場合は，処理状況一覧に「補正」ボタンが表示されるので，その内容を確認し，ツールバーの補正ボタンから補正を行います。補正情報を送信する際にも電子署名が必要となります。また，申請の不備等，登記を取り下げる場合は，「取下」ボタンから取下げを行います。なお，補正情報・取下情報のいずれも申請情報と同様の区分の電子証明書による電子署名が必要です。

　補正・取下については，オンラインだけでなく書面にて法務局へ郵送・持参しての対応も可能です。例えば，電子署名に不備があり，補正対象となったファイルについて，印刷し，必要に応じ押印し，郵送して提出することで補正を完了させることが可能です。

9/9 登記完了

　登記が完了すると，「お知らせ」ボタンが青くなり，「登記申請に関する手続きが完了しました。」との表示を確認することができます。

　以上で，「申請用総合ソフト」を利用した，商業登記のオンライン申請は完了です。お疲れ様でした。

②実印相当の電子署名が必要な添付情報

　以下，実印相当の電子署名が必要になる添付情報と認印相当でたる添付情報の例を列挙します。なお，主要な登記において必要な添付情報については，巻末資料244〜245頁にまとめていますので適宜参照ください。

①：商業登記電子証明書
②：マイナンバーカード（公的個人認証サービス電子証明書）
③：特定認証業務電子証明書
④：その他（法務大臣の定めるクラウド型電子署名サービス）

(1) 実印相当の電子署名が必要な添付情報（例）

　①②③いずれかによる電子署名が必要で，④のみでは不可のもの。

- 定款（株式会社等の原始定款認証時）注1
- 取締役会議事録（代表取締役選定）　　※取締役会設置会社
- 互選書，株主総会議事録，定款（〃）　　※取締役会非設置会社
- 就任承諾書（代表取締役）　※取締役会設置会社　　※重任を除く
- 就任承諾書（取締役）　　※取締役会非設置会社　　※重任を除く
- 辞任届（印鑑提出者である代表者）
- 印鑑届書
- 登記委任状（代理申請時）注2
- 登記された事項につき無効原因があることを証する書面　　等

注1　③はセコムパスポート for G-ID と電子認証サービス（e-Probatio PS2）のみ可／注2　③はセコムパスポート for G-ID のみ可

(2) 認印相当の電子署名で足る添付情報（例）

　①②③④いずれによる電子署名でも可のもの。

- 定款（組織再編時，取締役会書面決議時，株主名簿管理人設置時，解散時，合同会社設立時　等）

- 株主総会議事録，取締役会議事録，決定書　※代表取締役選定時を除く
- 総社員同意書，業務執行社員決定書（合同会社）
- 就任承諾書（取締役）　　　　　※取締役会設置会社
- 就任承諾書（代表取締役）　　　※取締役会非設置会社
- 就任承諾書（監査役・会計参与・会計監査人）
- 就任承諾書（合同会社の社員・代表社員）
- 本人確認証明書（運転免許証の写し等）
- 辞任届（印鑑提出者である代表者以外）
- 株主リスト
- 資本金の額の計上を証する書面
- 払込みがあったことを証する書面
- 募集株式の引受けの申込みを証する書面，総数引受契約書
- 株式申込証の添付省略の代表者証明書
- 募集新株予約権の引受けの申込みを証する書面，総数引受契約書
- 新株予約権の行使があったことを証する書面
- 債権者に対して各別の催告をしたことを証する書面　　　等

（備考）取締役会議事録の電子署名で利用可の電子証明書まとめ

（ⅰ）代表取締役選定の議案ありの取締役会議事録

　（開催した場合）変更前の代表者：①②③／その他出席役員：②③④

　（書面・みなし決議の場合）変更前の代表者：①②③

　　取締役会議事録への電子署名付与の方法は，205 頁参照。

　　なお，書面・みなし決議への取締役等の同意書は登記情報に添付不要ですが，定款（取締役会を省略できる旨の記載がある）の添付が必要です（定款は代表者が①②③④いずれかで電子署名）。

（ⅱ）代表取締役選定の議案なしの取締役会議事録

　（開催した場合）代表者：①②③④／その他出席役員：②③④

　（書面・みなし決議の場合）代表者：①②③④

③ Q&A（商業登記）

Q1　添付情報のオンライン送信と書面提出の併用

　　添付情報の一部（電子署名済み PDF ファイル等）を申請情報とともに法務局へオンラインで送信し，その他の添付書面を法務局へ持参又は郵送することは可能でしょうか。

A1

　可能です（商登規 102 条 2 項ただし書参照）。

　例えば，代表取締役選定の登記の場合に，株主総会議事録や株主リスト等のクラウド型電子署名で足りるものは，申請情報に添付してオンラインで送信し，会社実印が必要となる取締役会議事録や登記委任状は書面で法務局へ持参又は郵送することが可能です。

　この場合，登記申請情報の「別送の有無」を「有」として申請します。加えて，添付書面に申請番号を記載するか，又は，申請用総合ソフトの処理状況画面から「書面により提出した添付情報の内訳表」を印刷し，提出又は送付の際に添付します。さらに，添付書面の原本還付を求める場合には，原本を原寸大でコピーした書面に「原本に相違ありません」と記載し，記名したものを原本と合わせて持参又は郵送します（郵送の場合は返送用のレターパック等も同梱します）。

Q2　書面では押印不要の添付情報への電子署名の要否

　　書面提出時には押印不要とされている添付書類（株主リストや払込みがあったことを証する書面など）をオンライン申請で送信する場合は，電子署名は不要でしょうか。

A2

　必要です（本書執筆時点）。書面提出時に押印不要の添付書類をオンラ

イン申請で送信する場合には，商業登記電子証明書，マイナンバーカード電子証明書，特定認証業務電子証明書，その他に分類されるクラウド型等電子署名サービス，公証人証明書，官職証明書のいずれかでの作成者による電子署名が必要です。つまり，オンラインで送信する全ての添付情報に適宜の電子署名が必要です。

Q 3　電子証明書はいつ時点で有効である必要があるか

　申請情報，添付情報等への電子署名に付された電子証明書はいつ時点で有効である必要があるでしょうか。

A 3

　以下のとおり，各情報によって，電子証明書の有効性がいつ時点で要求されているかは異なります。

申請情報及び取下情報

　オンライン申請の送信時点。なお，電子証明書が有効でない場合は，オンライン申請の送信時点でエラーとなり登記申請ができません。

補正情報

　オンライン申請（申請情報）の送信時点。補正情報の送信時点で，その電子証明書が既に失効している場合であっても，申請情報と併せて提供された電子証明書と同一のものであるときは，有効な電子証明書の提供があったものとして取り扱われます（ただし，補正の内容が電子証明書の失効に関するものでない場合に限られます。）。

委任状情報

　オンライン申請の受付時点。申請情報及び取下情報とは異なり，電子証明書が有効でない場合でも，オンライン申請の送信時点でエラーとはなりません。オンライン申請の受付時点で有効な電子証明書が提供されていない場合には，却下の対象となります（商登法24条7号）。

添付情報（委任状情報以外）

　その情報に電子署名を行った時点（商登法24条7号，事務規程7条1

項5号)。すなわち，申請情報の送信時点で，その電子証明書が既に失効している場合であっても，電子署名を行った時点で有効なものであれば，有効な電子証明書の提供があったものとして取り扱われます。

参考：法務省「商業・法人登記のオンライン申請について」

（https://www.moj.go.jp/MINJI/minji60.html）

Q4 登記管轄について

登記管轄が分からない場合はどこで調べられますか。

A4

　管轄が不明の場合は法務局の「管轄のご案内」から調べることが可能です。会社の本店のある都道府県の法務局をクリックし，「商業・法人登記管轄区域」に会社の本店が含まれている法務局，出張所又は支局が管轄法務局に当たります。

　法務局「管轄のご案内」

（https://houmukyoku.moj.go.jp/homu/static/kankatsu_index.html）

　巻末資料（250〜255頁参照）にて，各都道府県の管轄法務局をまとめています。

　なお，管轄を相違して登記申請がなされた場合は，登記申請の取下げや登録免許税還付等，事務処理に時間を要するため，管轄する法務局の特定は正確な判断が求められます。

Q5 管轄外本店移転の登記申請について

他の登記所の管轄する区域への本店移転の登記の場合，申請情報と管轄法務局はどうなりますか。

A5

旧本店宛と新本店宛の2件の申請情報を同時（連件）申請で旧管轄宛に

申請します。

　1件目：（申請先登記所）旧本店管轄の法務局　御中

　2件目：（申請先登記所）旧本店管轄の法務局　御中

　　　　（経由の有無）有／（管轄登記所）新本店管轄の登記所

Q6　登記完了予定日について

　完全オンライン申請の場合，登記完了予定日はどうなりますか。

A6

　登記完了予定日は，各法務局の HP で確認します。

　（「管轄法務局＋登記完了予定日」等で検索）

　例）東京法務局各庁別登記完了予定日

　　　（https://houmukyoku.moj.go.jp/tokyo/static/kanryoyotei.htm）

　完全オンライン申請の場合は，申請情報及び添付情報の受付日が申請日となります。添付書面の一部を法務局へ郵送する場合は，申請情報の受付日でなく，添付書面の法務局への到達日が受付日となります。

第Ⅲ部　完全オンライン申請の実践

①印鑑提出（届出）の手順（申請用総合ソフト利用）

以下，法務局への印鑑提出をオンラインで行う手順です[1]。

必要なもの

- PC（Windows 10/11）
- 電子証明書（会社・法人の代表者）※代理申請の場合は代理人も必要
- IC カードリーダー（カードタイプの電子証明書利用の場合）
- 申請用総合ソフト等のインストール………68 頁参照
- 登記・供託オンラインシステム登録………70 頁参照
- 商業登記のオンライン申請（設立登記等）の準備

留意点

- 商業登記のオンライン申請（設立登記や管轄外本店移転等）と同時に行う場合のみ印鑑提出のオンライン送信が認められます（**印鑑提出を単独でオンラインで行うことはできません**）。
- 書面申請の場合や代理人による登記申請で委任状を書面により持参又は郵送する場合は，従来どおり書面（紙）による印鑑の提出が必要です。
- 印鑑カードの交付申請については，本書執筆時点（2023 年 11 月 1 日）では，オンライン化されていないため，**必要な場合には，別途，印鑑カード交付申請書を法務局へ持参又は郵送しなければなりません。**

概観

1/9 電子証明書の取得	5/9 押印
2/9 印鑑届書（オンライン様式）のダウンロード	6/9 スキャン
	7/9 （保証書の作成）
3/9 入力	8/9 電子署名
4/9 印刷	9/9 申請情報に添付して送信

---

1 従来，法務局への印鑑届出は書面の受付のみでしたが，2021 年 2 月 15 日以降，オンラインでの印鑑提出も受け付けられるようになりました。なお，同日以降，完全オンラインで登記申請する場合，法務局への印鑑提出は任意となりましたが，実務慣行上，いまだ実印と印鑑証明書が必要な場面は少なくないため，現状では提出しておくことを推奨します。

手順

1/9 電子証明書の取得

　印鑑提出をオンラインで行う場合は，代表者の電子証明書が必要です。利用できる電子証明書は以下の表のとおりです。なお，代理申請の場合は，代表者の電子証明書に加えて，代理人の電子証明書が必要です。

	印鑑提出（本人申請）		印鑑提出（代理申請）	
	印鑑届書	（保証書）	印鑑届書	（保証書）
(1)商業登記電子証明書	○	○	○	○
(2)マイナンバーカード	○	○	○	○
(3)特定認証業務電子証明書[1]				
・セコムパスポート for G-ID	○[2]	○	○[2]	○
・e-Probatio PS2 ・TDB 電子認証サービス TypeA ・AOSign サービス G2 ・DIACERT（PLUS）サービス	×	○	×	○
(4)その他 ・クラウドサイン ・電子印鑑 GMO サイン ・ドキュサイン（EU Advanced）等	×	×	×	×

[1]　氏名及び住所を確認することができるものに限る。
[2]　氏名，住所，出生年月日を確認することができるものに限る。

2/9 印鑑届書（オンライン様式）のダウンロード

▶法務省 HP より「印鑑（改印）届書の様式【PDF】」をダウンロードします（書面提出時の印鑑届書とは様式が異なるため注意）。

> (2)以下の「印鑑届書等の様式の印刷方法について」をお読みいた
>
> 印鑑届書の様式の印刷方法について【PDF】
>
> 印鑑（改印）届書の様式【PDF】　　記載例【PDF】
>
> 印鑑廃止届書の様式【PDF】　　記載例【PDF】(オンライン

※オンライン様式の印鑑届書は，1 cm ごとの目盛りが付いています

　　法務省「オンラインによる印鑑の提出又は廃止の届出について（商業・法人登記）」

　（https://www.moj.go.jp/MINJI/minji06_00072.html）

3/9 入力

▶ Adobe Acrobat 等でファイルを開き，太枠内を入力していきます（印刷してから手書きでも可）。

▶ 押印欄は空白とし，印刷してから物理的に押印します（印影画像は不可）。

▶ 本人申請の場合は☑印鑑提出者本人とし，委任状欄は空白。

▶ 代理申請の場合，届出人は☑代理人とし，委任状欄も記入。

4/9 印刷

▶ Adobe Acrobat 等から**印鑑届書を原寸大で印刷**します。

注意事項

★拡大・縮小せず，「実際のサイズ」で印刷を実行。

★実際のサイズで印刷された場合は，外枠と押印欄の目盛りがちょうど1cm刻みとなるので定規で確認する（1mm程度の縮小でも不可）。

★オンライン様式の余白が狭いため，家庭用のプリンター等では実際のサイズの設定で印刷しても自動で縮小される場合がある。その場合は，コンビニのマルチコピー機等での印刷を試みる。

• 印刷用紙はA4とし，汚れ・曲がり・濡れ・破損・変色等に注意。

• 印刷された様式を，再度コピーして使用しない。

5/9 押印

▶ 法務局に届出を行う，物理的な印章（ハンコ）によって押印します。

▶ 印影が鮮明となるように押印し，汚れやごみが付着しないようにします（個人実印の押印は不要です）。

6/9 スキャン

▶印刷同様，スキャンも原寸大で行います。

▶スキャンの解像度は高めの設定にします（目安は600dpi程度）。

※解像度が低く，不鮮明な印影等であると登記官に判断された場合は，原本の提出が必要となる場合があります。

▶スキャンしたファイルを再び原寸大で印刷して，目盛りが1cm刻みとなるか確認します。

(7/9 保証書の作成)

　印鑑提出の添付情報として，保証書が必要となる以下の場合は，保証書を作成します（印鑑届書と同じURLからダウンロード可）。

• 持分会社の代表者が法人であり，その職務執行者が当該法人の代表者以外の者である場合

• 有限責任事業組合の組合員が法人であり，その職務執行者が当該法人の代表者以外の者である場合

• 会社支配人の場合　等

8/9 電子署名

　スキャンした印鑑届書に印鑑提出する代表者が1/9の電子証明書で電子署名します（保証書が必要な場合は保証書に対しても）。代理申請の場合でも印鑑提出する代表者が電子署名を付与します。電子署名の方式はPDF方式でもXML方式でも可です。電子署名方法は各電子証明書の該当頁を参照ください。

9/9 申請情報に添付して送信

　電子署名した印鑑届書のファイル又はフォルダを，会社設立や代表者変更，管轄外本店移転等の登記の申請情報に添付して送信します（印鑑提出のみ単独でのオンライン申請は本書執筆時点で不可）。

　以上で，印鑑届書のオンライン提出は完了です。お疲れ様でした。

第Ⅲ部　完全オンライン申請の実践

①印鑑証明書請求の手順（申請用総合ソフト利用）

以下，「申請用総合ソフト」を利用して，会社・法人の印鑑証明書の請求[1]をオンラインで行う手順です（Web ブラウザ上で請求する方法は 224 頁以下）。

必要なもの

- PC（Windows 10/11）
- 電子証明書（会社・法人の代表者）※代理申請の場合は代理人も必要
- IC カードリーダー（カードタイプの電子証明書利用の場合）
- 申請用総合ソフトのインストール………68 頁参照
- 登記・供託オンラインシステム登録……70 頁参照

概観

1/5 電子証明書の取得

2/5 請求情報の作成

代理申請時

　①委任状の作成・電子署名

　②委任状の添付

3/5 請求情報に電子署名

4/5 請求情報の送信

5/5 電子納付

印鑑証明書交付の手数料
（郵送）　　1 通 410 円
※書留，簡易書留又は速達の場合は加算
（窓口受領）　　1 通 390 円

印鑑証明書のオンライン請求の利用時間（登記・供託オンラインシステム）
・平日 8 時 30 分から 21 時まで（登記所での受付は 17 時 15 分まで）（国民の祝日・休日，12 月 29 日から 1 月 3 日までの年末年始を除く） ・利用時間外は請求情報の送信ができません（請求情報の作成や一時保存は可）。 ・請求情報が，17 時 15 分から 21 時までに送信された場合は，請求情報を送信した日の翌業務日に登記所で受付されます。

1　従来，法務局へ会社・法人印鑑証明書の請求をオンラインで行うには商業登記電子証明書での電子署名が必須でしたが，2021 年 2 月 15 日以降，マイナンバーカードや特定認証業務電子証明書（セコムパスポート for G-ID）での電子署名も可能となりました。

手順

1/5　電子証明書の取得

　印鑑証明書の請求をオンラインで行う場合は，代表者の電子証明書が必要です。利用できる電子証明書は以下の表のとおりです。なお，代理申請とする場合には，代表者の電子証明書に加えて，代理人の電子証明書が必要となります。

	印鑑証明書請求（本人）	印鑑証明書請求（代理）	
	申請情報	申請情報	委任状
(1)商業登記電子証明書	○	○	○
(2)マイナンバーカード	○	○	○
(3)特定認証業務電子証明書*1			
・セコムパスポート for G-ID	○*2	○	○*2
・e-Probatio PS2 ・TDB 電子認証サービス TypeA ・AOSign サービス G2 ・DIACERT（PLUS）サービス	×	○	×
(4)その他 ・クラウドサイン ・電子印鑑 GMO サイン ・ドキュサイン（EU Advanced）等	×	×	×

*1　氏名及び住所を確認することができるものに限る。
*2　氏名，住所，出生年月日を確認することができるものに限る。

2/5　請求情報の作成

▶申請用総合ソフトを起動し，ログイン

▶「申請書作成」＞「商業登記申請書」＞「交付請求書（印鑑／登記事項証明書）」を選択

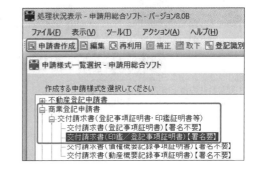

第Ⅲ部　完全オンライン申請の実践

▶画面の指示に沿って請求情報の必要事項を入力していきます。

↑同じ会社の登記事項証明書（全部事項・一部事項・代表者事項）も請求したい場合は「同一対象請求追加」をクリックして各項目を入力します。

↓郵送か法務局窓口受取を選べます。

交付情報	※ 証明書の受取方法と受取人情報を入力してください。	
	登記所又は法務局証明サービスセンターの窓口での受取を希望する場合は、「窓口受取」を選択してください。	
交付方法	郵送 窓口受取 → 選択可	※ 「窓口受取」を選択し、証明書を登記所又は法務局証明サービスセンターの窓口で受け取る場合には、請求後に、処理状況表示画面から「納付」ボタンをクリックすると表示される「電子納付」画面を印刷し、窓口に提出していただく必要があります。また、印鑑カードの提示も必要になりますので、御注意願います。
郵送種別	普通 書留 簡易書留 特定記録 → 選択可 連達区分 （指定なし） 速達 → 選択可	※ 書留、簡易書留、特定記録又は速達を選択した場合には、その費用が実費として手数料金額に加算されます。
	ソフトに登録した情報を表示していますが、変更や追記をすることができます。	
受取人情報 ※ 交付方法を「郵送」とした場合は、この送付先に発送されますので入力してください。	郵便番号 XXX － XXXX 住 所 XXXXXXXXXXXXXXXXXXXXXXXX XXXXXXXXXXXXXXXXXX	別の送付先住所・宛名に変更したいときは修正します。
	※ 「住所」欄は、1行16文字以内、かつ、5行以内で入力してください（英数字も全角で入力）。	
	氏 名 吉田直矢 様	同上
	※ 「氏名」欄は、1行16文字以内（ただし、4行目は15文字以内）、かつ、4行以内で入力してください（英数字も全角で入力）。	
請求先情報		
請求先登記所 ※ 交付方法を「郵送」とした場合は、選択した登記所から送付されます。	交付方法を「窓口受取」とした場合は、受取場所として選択した登記所又は選択した法務局証明サービスセンターを管轄する登記所が転記されます。 登記所選択 登記所名 ███████ 登記所コード ███ 登記所管轄一覧へリンク インターネットから、登記所の所在地を確認することができます。	

↑「登記所選択」で，郵送の場合は送付元，窓口受取の場合は受取場所の法務局を選択できます（管轄法務局以外にも請求が可能です）。

▶「プレビュー」で誤記がないか，「チェック」で不備がないか確認
▶このまま申請する場合は「完了」（中断する場合は「一次保存」）

⟦○ プレビュー表示⟧ ⟦漢 漢字検索⟧ ⟦☑ チェック⟧ ⟦🖫 一時保存⟧ ⟦🔃 再読込⟧ ⟦○ 完了⟧ ⟦✕ 閉じる⟧

［会社・法人用］ 印鑑証明書・登記事項証明書交付請求書			
申請者 吉田直矢			
請求対象			
No.	対象会社／法人	請求内容	通数
1		印鑑証明書 印鑑カード番号：XXXXXXXXXX 印鑑提出者： 代表取締役 吉田直矢 （生年月日）昭和60年11月26日	1 通
	管轄登記所：		
交付情報			
交付方法	郵送		
郵送種別	普通	連達区分 速達	
受取人情報	XXXXXXXXXXXXXXXXXXXXXXXXXXXXXXXX 吉田直矢 様		
請 求 先	東京法務局 登記所コード（0100）		
特定情報	記載なし		

代理申請時

①委任状の作成・電子署名

- 作成した委任状に，印鑑証明書を請求する会社・法人代表者による電子署名を付与してもらいます。

- 利用できる電子証明書は1/5のとおりです。

- 利用できる署名方式はPDF方式のみで，XML方式（申請用総合ソフトで電子署名したフォルダ）は利用不可。

> ## 委 任 状
>
> 住所 ×××××××××××××××××××
> ××××××××××
>
> 氏名 司法書士 ××××
>
> 上記の者を代理人と定め，次の権限を委任します。
>
> 1．当法人について，請求書に記載する事項の請求を行う一切の権限
> 1．手数料の還付の手続及びその受領の権限
>
> 令和××年××月××日
>
> 本店 ××××××××××××××××××
> 商号 ××××株式会社
> 住所 ××××××××××××××××××
> 資格 代表取締役
> 氏名 ××××

②委任状の添付

- 申請用総合ソフトのツールバー「アクション」＞「ファイル添付」＞「ファイル追加」で署名済PDFファイルを添付します。

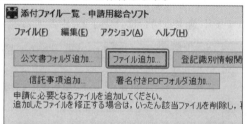

---

2 なお，請求情報の最下部「委任状」ボタンから申請情報に組み込まれる委任状を作成できますが，この場合は申請情報自体に会社代表者と代理人双方の電子署名が必要となって不便なため，別途作成する方法を推奨します。

3/5 請求情報に電子署名

▶ツールバーの「署名付与」を選択
（マイナンバーカードで電子署名する場合[3]）

▶「IC カードで署名」を選択

▶カードを IC カードリーダーに差し込むか，かざして「OK」

▶署名用電子証明書のパスワード（6～16桁の半角英数字）を入力し「確定」

▶情報欄に 署 と表示され，処理状況が「未送信」となったことを確認します。

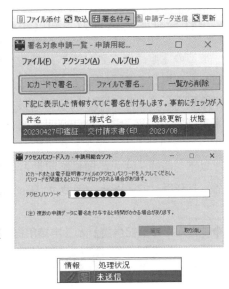

4/5 請求情報の送信

▶内容を最終確認のうえ，ツールバーの「申請データ送信」を選択

▶「すべて選択」し「送信」で申請情報が法務局へ送信されます。

▶「状態」が「送信完了」となったことを確認して「閉じる」

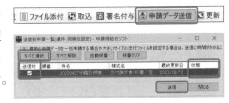

5/5 電子納付

▶申請情報到達後，数分待って「更新」し，「納付」ボタンが表示されたら，電子納付を進めます[4]（76頁参照）。

以上で，「申請用総合ソフト」を利用した，印鑑証明書のオンライン請求は完了です。お疲れ様でした。

3　商業登記電子証明書やセコムパスポート for G-ID で電子署名する場合は，「ファイルで署名」を選択してパスワードを入力します。

4　窓口受取の場合は電子納付画面を印刷して登記所に持参します。

②印鑑証明書請求の手順（かんたん登記申請利用）

　前節の「申請用総合ソフト」だけでなく，「かんたん登記申請」（法務省）を利用して Web 上での請求も可能です[1]。「かんたん登記申請」とは，申請用総合ソフト（登記・供託オンライン申請取扱い手続）の一部（登記事項証明書請求・法人印鑑証明書請求・不動産の氏名住所変更登記）を Web ブラウザ上から行えるサービスです。

　以下，会社・法人の印鑑証明書の請求を，「かんたん登記申請」（法務省）を利用して，Web ブラウザ（Google Chrome）から行う手順です。

◆「かんたん登記申請」と「申請用総合ソフト」との比較

	かんたん登記申請	申請用総合ソフト
利用	Web ブラウザ	専用ソフト
取扱い手続 （登記・供託 システム）	一部のみ • 登記事項証明書請求 • 法人印鑑証明書請求 • 不動産の氏名住所変更登記等	全て
申請書の作成 方法	• 問診回答で自動作成 • 1 件毎に作成して申請	• 基本は手入力 • 複数並行で申請書作成可
処理状況	手続完了後 92 日間以内	いつでも確認可

必要なもの

• PC（Windows 10/11）
• 電子証明書（会社・法人の代表者）※代理申請の場合は代理人も必要
• IC カードリーダー（カードタイプの電子証明書利用の場合）
• 登記・供託オンラインシステム登録（68 頁参照）
• マイナポータルアプリ及び Chrome 拡張機能のインストール
　（Web ブラウザ上でマイナカードを利用して電子署名する機能）

概観

1/6 電子証明書の取得

1　2023 年 4 月 3 日から請求可能となりました。

2/6 マイナポータルアプリ等のダウンロード

3/6 請求情報の作成

| 代理申請時 |

　①委任状の作成・電子署名

　②委任状の添付

4/6 請求情報に電子署名

5/6 請求情報の送信

6/6 電子納付

手順

印鑑証明書交付の手数料
申請用総合ソフト利用時と同じ （郵送）　　　1通410円 ※書留，簡易書留又は速達の場合 　は加算 （窓口受領）　1通390円

1/6 電子証明書の取得

- 利用できる電子証明書の種類は，申請用総合ソフトを利用する場合と同様です（219頁表参照）。

2/6 マイナポータルアプリ等のダウンロード

（ブラウザ上でマイナカードによる電子署名を付与しない場合は不要）

①下記より「マイナポータルアプリインストーラ」をダウンロードします。

> マイナポータル（デジタル庁）「Windows Google Chrome を使用する」
> （https://img.myna.go.jp/manual/02/0015.html）

②ダウンロードされた「MPASetup_Chrome.exe」を実行してインストールを進めます。

③次に，Chrome ウェブストアにアクセスし， マイナポータル を検索，「Chrome に追加」します（拡張機能に追加されたことを確認し，有効化します）。

3/6 請求情報の作成

| 代理申請時 | 申請用総合ソフト利用の場合と同様，委任状を作成し，代表者の電子署名がなされたファイルを準備しておきます（222頁参照）。

- 下記にアクセスし，ログイン
  登記・供託オンライン申請システム「かんたん登記申請」
  （https://www.touki-kyoutaku-online.moj.go.jp/mtouki/）

▶スクロールし「STEP1 - 利用場面選択へ」

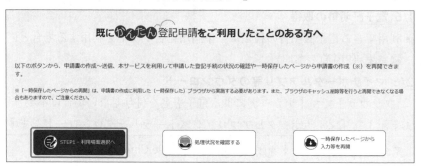

▶「～以下の準備はお済みですか？」の画面を「閉じる」
　（こちらの説明もわかりやすいのでこれに沿って進めても大丈夫です）

▶「印鑑証明書を請求したい」を選択

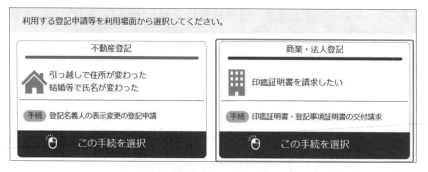

▶本人申請の場合は「印鑑提出者本人です。」を選択して「進む」
　（代理申請の場合は，「印鑑提出の代理の者です。」を選択して「進む」）

■ この申請をしている方（あなた）は印鑑提出者（印鑑を登録している代表取締役など）ですか？

回答を以下から選択してください。

| 印鑑提出者本人です。 | 印鑑提出者の代理の者です。 |

▶事前準備の内容が表示されるので「進む」

▶申請情報を入力（次頁）

- 「請求する証明書を入力する」で請求対象の会社を「オンライン登記情報提供サービス」を通して確定します。
- （請求内容入力）請求対象の会社情報が反映されていることを確認のうえ，印鑑カード番号／印鑑提出者（資格・氏名・生年月日）／通数を入力して「確定」
- 交付方法・郵送種別・受取人情報に変更があれば修正します。
- 請求先の登記所を選択します（管轄外でも可，通常は最寄りを選択）。

▶添付情報

本人申請の場合は添付不要です。代理申請時は会社代表者の署名済み委任状を添付します。

▶申請内容を確認して「進む」

▶電子署名の方法を選択

- マイナンバーカードの場合[4]は「ICカードで署名を付与」
- マイナポータル（Chrome 拡張機能）が別窓で開くので[5]，カードをセットし署名用パスワード（6 〜 16 桁の英数字）を入力

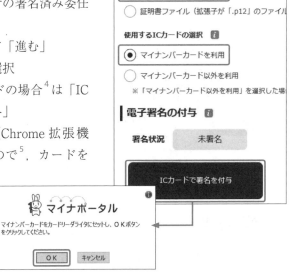

┃請求者氏名 🛈

吉田直矢

┃請求する証明書 🛈　請求対象の会社を検索して指定します。

No. 1

証明書の種類	印鑑証明書
商号・名称	XXXXX株式会社
会社法人等番号	XXXXXXXXXXX
通数	1
	＊最大999通まで請求できます。
操作	この請求内容を編集　　この請求内容をコピーして追加

＋請求する証明書を入力する

＊ 1件目は必ず「印鑑証明」となります（登記事項証明書を併せて請求する場合は、2件目以降に入力してください。）
＊ 請求する証明書は99件又は通数の合計が999通まで一度に請求することができます。

┃交付情報

┃交付方法 🛈　窓口受取にする場合は変更

◉ 郵送
◯ 窓口受取

┃郵送種別 🛈　郵送種別を変える場合は変更

普通 ▾ □速達で送付する

＊ 書留、簡易書留、特定記録又は速達を選択して請求した場合には、その費用が実費として手数料金額に加算されます。

┃受取人情報 🛈

郵便番号

000 － 0000

住所

東京都品川区XXXXXXXXXX　　受取場所を変更する場合は修正

＊ 「住所」欄は1行16文字以内、かつ、5行以内で入力してください。

氏名

吉田直矢　　受取人を変更する場合は修正

＊ 「氏名」欄は1行16文字以内（ただし、4行目は15文字以内）、かつ、4行以内で入力してください。
＊ オフィスビルに入居している場合等、個人名だけでは宛名不完全で配達されない場合がありますのでご注意ください。

┃請求先登記所 🛈　　請求先の登記所を選択

登記所を選択する　選択されていません。　（管轄外でも可，通常は最寄りを選択）

・ 請求先登記所を選択してください。
・ 「登記所を選択する」ボタンから請求先の登記所を選択してください。

┃氏名又は法人団体名（全角カナ） 🛈

ヨシダナオヤ

┃添付情報

＋添付書類を追加する　ファイルの合計サイズ
0 Bytes

・本人申請の場合は添付書類の追加は不要
・代理申請の場合は署名済委任状ファイルを
　添付します。

◀ 戻る（事前準備）　　　一時保存　　　進む（申請内容確認）▶

5/6 請求情報の送信

▶ 署名状況が「署名済み」と
なったことを確認して「申請
情報の送信」

▶ 申請の送信が完了したら，ス
クロールして，「処理状況を
確認する」

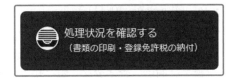

6/6 電子納付

▶「納付」ボタンが表示されたら「電子納付」をクリックして進めます
（「納付」が表示されない場合は「最新の処理状況に更新」します）。

　以上で，「かんたん登記申請」を利用した，印鑑証明書のオンライン請
求は完了です。お疲れ様でした。

第Ⅲ部　完全オンライン申請の実践

4　商業登記電子証明書やセコムパスポート for G-ID を利用の場合は，「証明書ファイ
ル」を選択してパスワードを入力。
5　マイナポータルが開かない場合は，アプリが古い可能性があります。2/6 の手順で
再インストールを試みます。

①登記事項証明書請求の手順（申請用総合ソフト利用）

　以下，「申請用総合ソフト」を利用して，会社・法人の登記事項証明書（登記簿）の請求をオンラインで行う手順です（Web ブラウザ上で請求する方法（かんたん証明書請求）については後述 234 頁）。

必要なもの

- PC（Windows 10/11）
- 申請用総合ソフトのインストール…………68 頁参照
- 登記・供託オンラインシステム登録………70 頁参照
  （電子証明書，電子署名，委任状（代理時）は不要）

手続概観

1/3 請求情報の作成	**登記事項証明書交付の手数料**
2/3 請求情報の送信	（郵送）　　　1 通 500 円　※頁数が 50 枚まで
3/3 電子納付	※書留，簡易書留又は速達の場合は加算
	（窓口受領）　1 通 480 円　※頁数が 50 枚まで

登記事項証明書のオンライン請求の利用時間（登記・供託オンラインシステム）

- 平日 8 時 30 分から 21 時まで（登記所での受付は 17 時 15 分まで）
  （国民の祝日・休日，12 月 29 日から 1 月 3 日までの年末年始を除く）
- 利用時間外は請求情報の送信ができません（請求情報の作成や一時保存は可）
- 請求情報が，17 時 15 分から 21 時までに送信された場合は，請求情報を送信した日の翌業務日に登記所で受付されます

手順

1/3 請求情報の作成

▶申請用総合ソフトを起動し，ログイン

▶「申請書作成」＞「交付請求書（登記事項証明書）」を選択

▶画面の指示に沿って請求情報の必要事項を入力

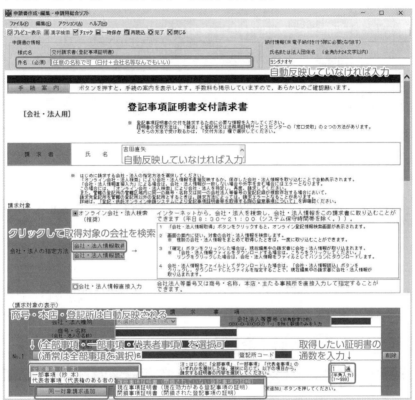

↑同じ会社の別の登記事項
　証明書（全部事項・一部
　事項・代表者事項）も請
　求したい場合は「同一対
　象請求追加」をクリック
　して各項目を入力します。

↑（履歴事項・現在事項・閉鎖事項）を選択可
　（通常は履歴事項証明書を選択）

↓郵送か法務局窓口受取を選べます

交付情報	※ 証明書の受取方法と受取人情報を入力してください。
交付方法	郵送 窓口受取 選択可　登記所又は法務局証明サービスセンターの窓口での受取を希望する場合は、「窓口受取」を選択してください。 ※ 「窓口受取」を選択し、証明書を登記所又は法務局証明サービスセンターの窓口で受け取る場合には、請求後に、処理状況表示画面から「納付」ボタンをクリックすると表示される「電子納付」画面を印刷し、窓口に提出していただく必要がありますので、御注意願います。
郵送種別	書留 簡易書留 選択可　連達区分 速達 選択可　書留、簡易書留又は速達を選択して請求した場合には、その費用が実費として手数料金額に加算されます。
受取人情報 ※ 交付方法を「窓口受取」とした場合は、送付人情報を入力してください。	申請用総合ソフトに登録した情報を表示していますが、変更や追記をすることができます。 郵便番号　×××－×××× 住　所　×××××××××××××××××××××××× 　　　　××××××××　別の送付先住所・宛名に変更したいときは修正します ※ 「住所」欄は、1行16文字以内、かつ、5行以内で入力してください（英数字も全角で入力）。 氏　名　吉田直矢　同上 　　　　　　　　　　　　　　様 ※ 「氏名」欄は、1行16文字以内（ただし、4行目は15文字以内）、かつ、4行以内で入力してください（英数字も全角で入力）。
請求先情報	
請求先登記所 ※ 交付方法を「郵送」とした場合は、選択した登記所から請求されます	交付方法を「窓口受取」とした場合は、受取場所として選択した登記所又は選択した法務局証明サービスセンターを管轄する登記所が記載されます。 登記所選択　登記所名 東京法務局　　　　　　登記所コード 0100 登記所管轄一覧へリンク　インターネットから、登記所の所在地を確認することができます。

↑「登記所選択」で、郵送の場合は送付元の、窓口受取の場合は受取場所の法務局を選択できます（管轄法務局以外にも請求が可能です）。

▶「プレビュー」で誤記がないか目視し、「チェック」で不備がないか確認

▶このまま申請する場合は「完了」（中断する場合は「一次保存」）

▌◎プレビュー表示 ▨漢字検索 ☑チェック 🖫一時保存 🗐再読込 ◎完了 ✕閉じる

［会社・法人用］ 登記事項証明書交付請求書

申請者	吉田直矢

請求対象

No.	対象会社／法人	請求内容	通数
1	会社法人等番号：　－ 管轄登記所：　東京法務局　（0100）	全部事項証明書 履歴事項証明書	1 通

交付情報

交付方法	郵送		
郵送種別	普通	速達区分	（指定なし）
受取人情報	×××－×××× ××××××××××××××××××××××××××××××× 吉田直矢　　　　　　　　　　　　　　　　　　様		

請　求　先	東京法務局 登記所コード（ 0100 ）

特定情報　　　　　**記載なし**

2/3 請求情報の送信

▶ツールバーの「申請データ送信」をクリック（署名付与は不要です）

▶「すべて選択」し「送信」で申請情報が法務局へ送信されます。

▶「状態」が「送信完了」となったことを確認して「閉じる」

3/3 電子納付

▶申請情報到達後，数分後「更新」し，「納付」ボタンが青字で表示されたら，電子納付を進めます（具体的な方法は，「電子納付の方法」76頁参照）。

※窓口受取の場合は，「納付」ボタンを押した後に表示される電子納付画面を「印刷」ボタンから印刷して請求先登記所に持参します（請求した通数を記載します）。

　以上で，「申請用総合ソフト」を利用した，登記事項証明書のオンライン請求は完了です。お疲れ様でした。

第Ⅲ部　完全オンライン申請の実践

②登記事項証明書請求の手順（かんたん証明書請求利用）

以下，Web ブラウザ上で「かんたん証明書請求」を利用して，会社・法人の登記事項証明書の請求をオンラインで行う手順です。

必要なもの

- PC（Windows 10/11）or スマホ（iPhone or Android）
- 登記・供託オンラインシステム登録………68 頁参照

手続概観

1/3 請求情報の作成
2/3 請求情報の送信
3/3 電子納付

登記事項証明書交付の手数料

（郵送）　　　1 通 500 円　※頁数が 50 枚まで
※書留，簡易書留又は速達の場合は加算
（窓口受領）　1 通 480 円　※頁数が 50 枚まで

登記事項証明書のオンライン請求の利用時間（登記・供託オンラインシステム）

- 平日 8 時 30 分から 21 時まで（登記所での受付は 17 時 15 分まで）
  （国民の祝日・休日，12 月 29 日から 1 月 3 日までの年末年始を除く）
- 利用時間外は請求情報の送信ができません（請求情報の作成や一時保存は可）
- 請求情報が，17 時 15 分から 21 時までに送信された場合は，請求情報を送信した日の翌業務日に登記所で受付されます

手順

1/3 請求情報の作成

▶下記にアクセスし，「かんたん証明書請求」を選択

（Web ブラウザ：Google Chrome 又は Microsoft Edge）

「登記・供託オンライン申請システム」

（https://www.touki-kyoutaku-online.moj.go.jp/index.html）

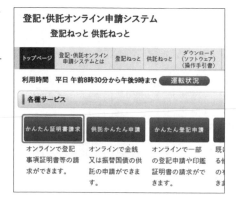

▶申請者IDとパスワードを入力してログイン

▶「商業・法人」の「登記事項証明書（商業・法人）」を選択

▶「オンライン会社・法人検索を使う」で対象の会社を「確定」

▶（請求情報の入力）会社情報が反映されていることを確認し，請求する登記事項証明書の通数を入力し「次へ」

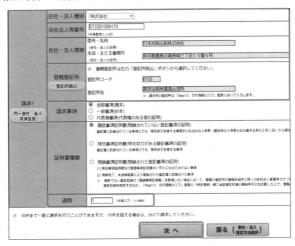

▶（交付情報の入力）各項目を指定して「次へ」

請求者：（申請者情報時の氏名が反映されている。必要に応じて修正）

交付方法：（郵送又は窓口受取）※郵送の場合は郵送種別・速達区分を指定し，送付先を確認します

登記所選択：郵送元又は受取先の登記所（管轄法務局以外でも可）を指定

▶交付情報の内容を確認して「確定」

▶納付情報（氏名・団体名）を確認して「確定」

2/3 請求情報の送信

▶「送信実行」

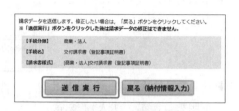

3/3 電子納付

▶「処理状況を確認する」

▶「納付」ボタンが表示された
　らクリック

▶「電子納付」から手数料の支払を行います

※窓口受取の場合は，本画面を印刷して請求先登記所に持参します（請求
　通数を記載）。

　以上で，「かんたん証明書請求」を利用した，登記事項証明書のオンラ
イン請求は完了です。お疲れ様でした。

③登記情報提供サービスについて

　登記事項証明書と同一の情報を，「登記情報提供サービス」（一般財団法人民事法務協会）を利用して，PDFファイルで確認することが可能です。登記事項証明書と異なり，利用時間内であれば，オンラインで請求してファイルをダウンロードでき，即時に登記情報の内容を確認することが可能です（登記処理中の場合は不可）。

　法務局が発行する紙の登記事項証明書とは異なり，証明文や公印等は付加されないため，登記事項証明書として各所への提出はできませんが，自社や他社の最新の登記事項証明書の内容を確認するのみであれば，本サービスから取得するファイルの確認で，多くの場合は事が足ります。

　なお，商業・法人登記情報だけでなく，不動産登記情報，地図情報，図面情報等の取得も可能です。

・利用申込

　司法書士・弁護士の専門家に限らず，また，個人・法人問わず，本サービスを利用することが可能です。ただし，利用には申込み手続が必要で，個人利用では1週間程度，法人利用では1か月程度を要します（登録費用：個人300円　法人740円）。

・利用料金

商業・法人登記情報：332円／件

（個人はクレジットカード決済，法人は口座引き落とし）

・利用時間

平日　午前8時30分から午後11時まで

土日祝日　午前8時30分から午後6時まで

休業日：年末年始（12月29日から1月3日まで）

　　　一般財団法人民事法務協会「登記情報提供サービス」
　　　（https://www1.touki.or.jp/）

第Ⅲ部　完全オンライン申請の実践

①犯収法上の本人確認

　司法書士は，職責に基づく本人確認とは別に，犯収法において，「特定事業者」として規定され，「特定業務」の依頼を受けるに際しては，「顧客等」及び「代表者等」の「取引時確認」として「本人特定事項」の確認の義務が課せられています（犯収法2条2項，4条1項・4項及び6項）。

　「特定業務」は，商業登記に関して，株式会社及び持分会社（合同会社・合資会社・合名会社）につき，以下の事項が規定されています（犯収法4条1項，犯収法別表，犯収法施行令8条2項）。なお，一般社団法人等の会社以外の法人については，犯収法施行令8条3項・4項で別途規定されています。

犯収法施行令8条2項
2　（略）
　一　株式会社　次のいずれかの事項
　　イ　設立
　　ロ　組織変更，合併，会社分割，株式交換又は株式移転
　　ハ　定款の変更
　　ニ　取締役若しくは執行役の選任又は代表取締役若しくは代表執行役の選定
　二　持分会社　次のいずれかの事項
　　イ　設立
　　ロ　組織変更，合併又は合同会社にあっては，会社分割
　　ハ　定款の変更
　　ニ　業務を執行する社員又は持分会社を代表する社員の選任

　定款変更や役員変更を含むため，商業登記における大半の業務が犯収法上の特定業務に当たり，取引時確認が必要とされています。

　「顧客等」は，司法書士業務においては，通常，依頼者本人・委任者本人が該当するとされており，商業・法人登記の場合はその会社・法人そのものが顧客に当たります。本人特定事項の確認を含む，取引時確認の対象となります。

　「代表者等」は，特定事業者との間で現に特定取引等の任に当たっている自然人（必ずしも会社・法人の代表者とは限らず，司法書士との窓口と

なる会社・法人の者）を指し，本人特定事項の確認対象となります。

　「本人特定事項」について，自然人にあっては氏名，住居（本邦内に住居を有しない外国人で政令で定めるものにあっては，主務省令で定める事項）及び生年月日をいい，法人にあっては名称及び本店又は主たる事務所の所在地を確認しなければなりません（犯収法4条1項1号）。

　商業登記においては，「顧客等」である法人と，「代表者等」である現実に依頼の任に当たる自然人の両者の本人特定事項の確認が必要となります。

　なお，本書執筆時点で，犯収法の改正（2024年6月までの政令で定める日に施行）が控えており，改正後の犯収法4条1項では，司法書士について，顧客等の「本人特定事項」に加え，顧客等の「取引を行う目的」，「自然人である顧客等においては職業，法人である顧客等においては事業の内容」，「法人である顧客等においては，実質的支配者の本人特定事項」の確認が義務付けられるようになります。

　本人特定事項の確認方法について，対面で顧客等から運転免許証等の提示を受ける方法，非対面で転送不要郵便を利用する方法，オンラインで完結させる方法に大別されます。電子証明書を用いてオンラインで完結させる方法について次頁で解説します（対面，非対面で転送不要郵便を利用する方法は割愛します）。

自然人（「代表者等」）の犯収法上の本人確認例（オンライン）

・マイナンバーカード

　マイナンバーカードの電子証明書で電子署名された特定取引等に関する情報（委任状情報）等の送信を受けることで，自然人の本人特定事項の確認をオンラインで完結することが可能です（犯収法施行規則6条1項1号ワ）。ただし，特定事業者は，公的個人認証法17条4項に規定する署名検証者である場合に限られている点に注意が必要です。特定事業者である司法書士は，日司連公的個人認証有効性確認システム（158〜159頁）を利用して本人確認を行うことで，犯収法施行規則6条1項1号ワの本人確認をオンラインで完結することが可能です。

　なお，株式会社リーガルの電子署名サービス「RSS-SR」（103頁他）を用いて，本人容貌画像と，マイナンバーカード等の券面写真画像又はICチップの情報の送信を受ける方法で，犯収法上の本人確認（犯収法施行規則6条1項1号ホ方式・ヘ方式）をオンラインで完結することも可能です（2023年11月14日実装）。

・認定認証業務電子証明書

　認定認証事業者（電子署名法4条1項に規定する認定を受けた者）の発行する電子証明書で電子署名された特定取引等に関する情報（委任状情報）等の送信を受けることで，自然人の本人特定事項の確認をオンラインで完結することが可能です（犯収法施行規則6条1項1号ヲ）。

　一般財団法人日本情報経済社会推進協会「認定認証業務一覧」

　（https://www.jipdec.or.jp/project/designated-investigative-organization/accredited-ca-list.html）

法人（「顧客等」）の犯収法上の本人確認例（オンライン）

・商業登記電子証明書

　商業登記電子証明書（商登法12条の2第1項及び第3項）で電子署名された特定取引等に関する情報（委任状情報）等の送信を受けることで，法人の本人特定事項の確認をオンラインで完結することが可能です（犯収法施行規則6条1項3号ホ）。

②（司法書士職責上の本人確認）

　司法書士には，職責上の本人確認として（司法書士法2条，司法書士行為規範44条，50条及び各司法書士会会則），前節の犯収法が求めるところの顧客等（依頼者等）の「実在性」及び「同一性」の確認に加え，代理又は代行する手続等の当事者としての「適格性」並びに登記申請及び司法書士に依頼する「意思」の確認も必要とされています。

　これらの本人確認及び意思確認の方法については，日本司法書士会連合会において「依頼者等の本人確認等に関する規程基準」が設けられ，各司法書士会において，本基準に基づいた規程が整備されています。「依頼者等の本人確認等に関する規程基準」では，面談及び電話・転送不要郵便送付等の方法によらない「合理的理由がある場合」には，「司法書士の職責に照らし適切と認められる方法」での本人確認及び意思確認が認められると規定されています。

　2020年5月，連合会において，「新型コロナウイルス感染症の感染拡大防止を理由として拡大防止を理由として，やむを得ず」面談ができない場合（依頼者から拒否された場合等）は，「合理的理由がある場合」として，電話・転送不要郵便送付等の非対面の方法によることが認められる旨が示されました（令和2年5月1日付 日司連発第58号）。ただし，この場合でも，「司法書士の職責に照らし適切と認められる方法」としてオンラインで本人確認及び意思確認ができる旨は明示されていません。

　2023年5月において，新型コロナ感染症は5類へと移行し，上記の連合会指針における「新型コロナウイルス感染症の感染拡大防止を理由として拡大防止を理由」とできるフェーズは過ぎたかにみえ，原則として面談による本人確認及び意思確認に立ち戻ったものとも思えますが，本書執筆時点では連合会よりその後の指針は発出されていません。

　官民諸手を挙げてDXが推進されるなかで，司法書士業務の根幹でありアイデンティティでもある本人確認をどのように扱っていくべきか，一つの岐路に立っているのではないかとも朧気ながら感じています。

巻末資料

巻末資料／添付情報①

◇登記事項ごとの添付情報と利用可の電子証明書につき

（電子署名欄は，いずれかの電子証明書による電子署名で可という意味）

①：商業登記電子証明書
②：公的個人認証サービス電子証明書（マイナンバーカード）
③：特定認証業務電子証明書（③'：セコムパスポート for G-ID のみ可）
④：その他（法務大臣の定めるクラウド型等の電子署名サービス）

登記の種類			登録免許税法別表第 1 第 24 号(1)の区分
	電子署名		
添付情報	（代表）	（代表以外）	備考
株式会社設立			資本金額×1000 分の 7（下限 15 万円）（イ）
定款		（公証人）	
発起人同意書		①②③④	
設立時代取選定書面	②③④	①②③④	
就任承諾書（取）		②③④	取締役会設置時（非設置時は④不可）
就任承諾書（代）	②③		取締役会設置時（非設置時は④可）
（印鑑証明書）			完全オンライン申請の場合は不要
本人確認書面		②③④	就任承諾書に②③で電子署名時は不要
（調査報告書等）	②③④		変態設立事項があって必要な場合
（契約書）	②③④		株主名簿管理人設置時
払込証明書	②③④		通帳写しかネットバンク明細を合体
（資本金計上証明書）	②③④		現物出資時
（登記委任状）	②③'		代理申請時
印鑑届	②③'		完全オンライン申請時は任意
（印鑑カード交付申請書）	（オンライン不可）		必要な場合は書面で提出
合同会社設立			資本金の額の 1000 分の 7（下限 6 万円）（ハ）
定款	①②③④		代理申請時は，代理人が電子署名
決定書	①②③④		本店，代表社員，資本金の決定
代表社員の就任承諾書	①②③④		
（職務執行者の選任書）	①②③④		（法人が代表社員の場合）
（職務執行者の承諾書）	①②③④		（法人が代表社員の場合）
払込証明書	①②③④		通帳写しかネットバンク明細を合体
（資本金計上証明書）	①②③④		現物出資時
（登記委任状）	①②③'		代理申請時
印鑑届	①②③'		
（印鑑カード交付申請書）	（オンライン不可）		必要な場合は書面で提出
本店移転（管轄外）			3 万円（ヲ）＋3 万円（ヲ）
（定款）	①②③④		取締役会をみなし決議とする場合等
株主総会議事録	①②③④		（議案）定款変更
株主リスト	①②③④		
取締役会議事録 or 取締役決定書	①②③④	②③④	
（登記委任状×2）	①②③'		代理申請時（旧管轄＋新管轄）
印鑑届	①②③'		
（印鑑カード交付申請書）	（オンライン不可）		必要な場合は書面で提出
本店移転（管轄内）			3 万円（ヲ）
（定款）	①②③④		取締役会をみなし決議とする場合等
取締役会議事録	①②③④	②③④	取締役会非設置の場合は取締役決定書
（委任状）	①②③'		代理申請時

巻末資料／添付情報②

①	：商業登記電子証明書
②	：公的個人認証サービス電子証明書（マイナンバーカード）
③	：特定認証業務電子証明書（③'：セコムパスポート for G-ID のみ可）
④	：その他（法務大臣の定めるクラウド型等の電子署名サービス）

登記の種類			登録免許税法別表第1第24号(1)の区分
	電子署名		
添付情報	（代表）	（代表以外）	備考
商号変更・目的変更・公告方法変更			3万円（ツ）
株主総会議事録	①②③④		（議案）定款変更
株主リスト	①②③④		
（登記委任状）	①②③'		代理申請時
資本金の額の減少			3万円（ツ）
株主総会議事録	①②③④		
（取締役会議事録 or 取締役決定書）	①②③④	②③④	会社法447③の場合
株主リスト	①②③④		
（欠損額証明書）	①②③④		普通決議で減資を行う場合（法309②(9)）
公告を証する書面			公告方法に応じて添付する
・官報		（国立印刷局）	
・日刊紙	（オンライン不可）		
・電子公告調査報告書		（調査会社）	
催告を証する書面	①②③④		W公告の場合は不要
異議有債権者不在証明書	①②③④		
（登記委任状）	①②③'		代理申請時
募集株式発行			資本金の額の1000分の7（下限3万円）（ニ）
（定款）	①②③④		・取締役会をみなし決議とする場合 ・種類総会（会社法199④，200④）の決議不要とする場合等
株主総会議事録・取締役会議事録	①②③④		募集事項の決定機関による
株主リスト	①②③④		
（種類株主総会議事録）	①②③④		会社法199④，200④，322①(4)の場合等
（種類株主リスト）	①②③④		
（取締役会議事録 or 取締役決定書）	①②③④	②③④	割当の決定機関による（第三者割当で，譲渡制限株式発行時）
株式申込証等		①②③④	
払込証明書	①②③④	①②③④	通帳写しかネットバンク明細を合体
（商登法56条3・4号書面）	①②③④	①②③④	現物出資で必要な場合
資本金計上証明書	①②③④		
（期間短縮の同意書）	①②③④		株主割当で法202条4項の期間短縮する場合
（登記委任状）	①②③'		代理申請時
新株予約権発行			9万円（ヌ）
（定款）	①②③④		・取締役会をみなし決議とする場合 ・種類総会（会社法238④，239④）の決議不要とする場合等
株主総会議事録・取締役会議事録	①②③④		募集事項の決定機関による
株主リスト	①②③④		
（種類株主総会議事録）	①②③④		会社法238④，239④，322①(5)の場合等
（種類株主リスト）	①②③④		
取締役会議事録 or 取締役決定書	①②③④	②③④	・割当の決定機関による（第三者割当で，譲渡制限株式発行時）
新株予約権申込証等		①②③④	
（払込証明書）	①②③④		・払込期日が割当日より前のとき ・通帳写しかネットバンク明細を合体
（期間短縮の同意書）	①②③④		株主割当で法241条4項の期間短縮する場合
（登記委任状）	①②③'		代理申請時

巻末資料／登録免許税

◇商業登記の登録免許税（登録免許税法　別表第一第 24 号〜 29 号）

二十四　会社又は外国会社の商業登記	
（一）会社・相互会社・一般社団法人・一般財団法人の登記	
イ　**株式会社の設立の登記**（ホ及びトに掲げる登記を除く。）	**資本金の額× 7/1000** **（最低額 150,000 円）**
ロ　合名会社・合資会社・一般社団法人・一般財団法人の設立の登記	60,000 円
ハ　合同会社の設立の登記（ホ及びトに掲げる登記を除く。）	資本金の額× 7/1000 （最低額 60,000 円）
ニ　**株式会社・合同会社の資本金の増加の登記**（へ及びチに掲げる登記を除く。）	**資本金の額× 7/1000**
ホ　新設合併・組織変更・種類の変更による株式会社・合同会社の設立の登記	資本金の額× 1.5/1000（最低額 30,000 円）（登録免許税法施行規則の規定額超過部分は，資本金の額× 7/1000）
へ　吸収合併による株式会社・合同会社の資本金の増加の登記	増加資本金の額× 1.5/1000（最低額 30,000 円）（登録免許税法施行規則の規定額超過部分は，増加資本金の額× 7/1000）
ト　新設分割による株式会社・合同会社の設立の登記	資本金の額× 7/1000 （最低額 30,000 円）
チ　吸収分割による株式会社・合同会社の資本金の増加の登記	増加資本金の額× 7/1000 （最低額 30,000 円）
リ　相互会社の設立（新設合併・組織変更による設立を含む。）の登記	300,000 円
ヌ　**新株予約権の発行による変更の登記**	90,000 円
ル　支店・従たる事務所の設置の登記	60,000 円／ 1 箇所
ヲ　本店（主たる事務所）・支店（従たる事務所）の移転の登記	30,000 円
ワ　取締役会・監査役会・監査等委員会・指名委員会等・理事会に関する事項の変更の登記	30,000 円
カ　**役員変更登記**（取締役・代表取締役・特別取締役・会計参与・監査役・会計監査人・指名委員会等の委員・執行役・代表執行役・社員・理事・監事・代表理事・評議員に関する事項の変更の登記）	**30,000 円（資本金 1 億円以下の会社・社団・財団は 10,000 円）**

ヨ　支配人の選任の登記・その代理権の消滅の登記	30,000 円
タ　取締役・代表取締役・特別取締役・会計参与・監査役・指名委員会等の委員・執行役・代表執行役の職務執行の停止若しくは職務代行者の選任／社員の業務執行権の消滅，職務執行の停止若しくは職務代行者の選任／理事・監事・代表理事・評議員の職務執行の停止若しくは職務代行者の選任の登記	30,000 円
レ　会社・相互会社・一般社団法人・一般財団法人の解散の登記	30,000 円
ソ　会社・一般社団法人等の継続の登記，合併を無効とする判決が確定した場合における合併により消滅した会社・相互会社・一般社団法人等の回復の登記又は会社・相互会社・一般社団法人等の設立の無効若しくはその設立の取消しの登記	30,000 円
ツ　登記事項の変更，消滅又は廃止の登記（イからソを除く。） 例）商号の変更／目的の変更／公告方法の変更／資本金の額の減少／発行可能株式総数の変更／株式の内容の変更／譲渡制限の定めの設定・変更・廃止／株券発行会社の定めの設定・廃止／単元株式数の設定・変更・廃止／株主名簿管理人の設置・変更・廃止／株式の消却／株式の併合／株式の分割／株式の無償割当て／新株予約権の内容の変更／監査役設置会社の定めの設定・廃止／会計監査人設置会社の定めの設定・廃止／役員等の責任免除の定めの設定・変更・廃止／非業務失効取締役等の責任制限の定めの設定・変更・廃止　等	**30,000 円**
ネ　登記の更正の登記	20,000 円
ナ　登記の抹消	20,000 円
（二）外国会社・外国相互会社の登記	
イ　営業所の設置の登記（ロを除く。）	90,000 円／1 箇所
ロ　営業所を設置していない場合の外国会社の登記又は当該営業所を設置していない外国会社が初めて設置する一の営業所の設置の登記	60,000 円
ハ　イ，ロ及びニに掲げる登記以外の登記	9,000 円
ニ　登記の更正の登記又は登記の抹消	6,000 円
（三）会社・相互会社・一般社団法人等の清算の登記（外国会社・外国相互会社を含む。）	
イ　清算人・代表清算人の登記	9,000 円
ロ　清算人・代表清算人の職務執行の停止若しくはその取消し若しくは変更又は清算人・代表清算人の職務代行者の選任，解任若しくは変更の登記	6,000 円

ハ　清算の結了の登記		2,000 円
ニ　登記事項の変更，消滅若しくは廃止の登記（これらの登記のうちロに掲げるものを除く。），登記の更正の登記又は登記の抹消		6,000 円
二十五　特定目的会社（TMK・SPC）の登記		
（一）資産の流動化に関する法律２条３項（定義）に規定する特定目的会社の設立の登記		30,000 円
（二）（一）及び（三）に掲げる登記以外の登記		15,000 円
（三）登記の抹消		10,000 円
二十六　投資法人の登記		
（一）投資信託及び投資法人に関する法律２条12項（定義）に規定する投資法人の設立の登記		30,000 円
（二）（一）及び（三）に掲げる登記以外の登記		15,000 円
（三）登記の抹消		10,000 円
二十七　有限責任事業組合（LLP）契約の登記		
（一）有限責任事業組合契約に関する法律３条１項（有限責任事業組合契約）に規定する有限責任事業組合契約の登記（（二）に掲げる登記を除く。）		
イ　組合契約の効力の発生の登記		60,000 円
ロ　従たる事務所の設置の登記		60,000 円
ハ　主たる事務所又は従たる事務所の移転の登記		30,000 円
ニ　組合員に関する事項の変更の登記		10,000 円
ホ　組合員の業務執行の停止又は業務代行者の選任の登記		30,000 円
ヘ　イからホまで，ト及びチに掲げる登記以外の登記		30,000 円
ト　登記の更正の登記		20,000 円
チ　登記の抹消		20,000 円
（二）組合契約の清算に係る登記		
イ　清算人の登記		6,000 円
ロ　イ，ハ及びニに掲げる登記以外の登記		6,000 円
ハ　清算結了の登記		2,000 円
ニ　登記の更正の登記又は登記の抹消		6,000 円
二十八　投資事業有限責任組合（LPS）契約の登記		
（一）投資事業有限責任組合契約に関する法律３条１項（投資事業有限責任組合契約）に規定する投資事業有限責任組合契約の登記（（二）に掲げる登記を除く。）		
イ　組合契約の効力の発生の登記		30,000 円
ロ　イ，ハ及びニに掲げる登記以外の登記		15,000 円
ハ　登記の更正の登記		10,000 円
ニ　登記の抹消		10,000 円

（二）　組合契約の清算に係る登記		
イ　清算人の登記	6,000 円	
ロ　イ，ハ及びニに掲げる登記以外の登記	6,000 円	
ハ　清算結了の登記	2,000 円	
ニ　登記の更正の登記又は登記の抹消	6,000 円	

二十八の二　限定責任信託の登記

（一）信託法 232 条（限定責任信託の定めの登記）の限定責任信託の定めの登記	30,000 円
（二）信託法 233 条 1 項（変更の登記）の規定による新事務処理地においてする同法 232 条各号に掲げる事項の登記	15,000 円
（三）（一），（二）及び（四）から（六）までに掲げる登記以外の登記	15,000 円
（四）登記の更正の登記（（六）ニに掲げる登記を除く。）	10,000 円
（五）登記の抹消（（六）ニに掲げる登記を除く。）	10,000 円
（六）清算に係る登記	
イ　清算受託者の登記	6,000 円
ロ　イ，ハ及びニに掲げる登記以外の登記	6,000 円
ハ　清算結了の登記	2,000 円
ニ　登記の更正の登記又は登記の抹消	6,000 円

二十九　個人の商業登記

（一）個人につきその本店の所在地においてする登記	
イ　商号の新設の登記又はその取得による変更の登記	30,000 円
ロ　支配人の選任又はその代理権の消滅の登記	30,000 円
ハ　商法 5 条（未成年者登記）又は 6 条 1 項（後見人登記）の規定による登記	18,000 円
ニ　商法 17 条 2 項（営業譲渡の際の免責の登記）の登記	18,000 円
ホ　商号の廃止の登記又は登記の更正，変更若しくは消滅の登記（これらの登記のうちイ又はロに掲げるものを除く。）	6,000 円
ヘ　登記の抹消	6,000 円
（二）個人につきその支店の所在地においてする登記	
イ　（一）イからニまでに掲げる登記	9,000 円
ロ　（一）ホに掲げる登記又は登記の抹消	6,000 円

同一区分（カタカナ）の登記事由を複数，一回の登記で申請する場合，登録免許税は合算せず，一つ分の免許税で計算します。例えば，登録免許税法別表第一 24 号（一）ツの登記事項変更に区分される「商号の変更」と「目的の変更」を，一回の登記で申請する場合の登録免許税は，3 万円と 3 万円の合算で 6 万円ではなく，3 万円となります。

巻末資料／登記管轄（北海道／東北）

登記所	商業登記管轄
札幌法務局	札幌市全区，石狩市，北広島市，江別市，恵庭市，千歳市，岩見沢市，三笠市，美唄市，夕張市，滝川市，砂川市，歌志内市，芦別市，赤平市，室蘭市，登別市，伊達市，苫小牧市，小樽市，石狩郡（当別町・新篠津村），樺戸郡（月形町・新十津川町・浦臼町），夕張郡（長沼町・由仁町・栗山町），空知郡（南幌町・奈井江町・上砂川町），雨竜郡雨竜町，虻田郡（洞爺湖町・豊浦町・倶知安町・京極町・ニセコ町・留寿都村・真狩村・喜茂別町），有珠郡壮瞥町，白老郡白老町，勇払郡（厚真町・安平町・むかわ町），浦河郡浦河町，様似郡様似町，幌泉郡えりも町，新冠郡新冠町，沙流郡（平取町・日高町），日高郡新ひだか町，余市郡（余市町・仁木町・赤井川村），古平郡古平町，積丹郡積丹町，磯谷郡蘭越町，岩内郡（岩内町・共和町），古宇郡（泊村，神恵内村）
函館地方法務局	函館市，北斗市，上磯郡木（古内町・知内町），松前郡（松前町・福島町），亀田郡七飯町，茅部郡（鹿部町・森町），檜山郡（江差町・上ノ国町・厚沢部町），爾志郡乙部町，奥尻郡奥尻町，寿都郡（寿都町・黒松内町），島牧郡島牧村，二海郡八雲町，山越郡長万部町，瀬棚郡今金町，久遠郡せたな町
旭川地方法務局	旭川市，深川市，富良野市，上川郡（鷹栖町・東神楽町・当麻町・比布町・愛別町・上川町・東川町・美瑛町），空知郡（上富良野町・中富良野町・南富良野町），勇払郡占冠村，雨竜郡（妹背牛町・秩父別町・幌加内町・沼田町・北竜町），名寄市，士別市，上川郡（下川町・和寒町・剣淵町），中川郡（美深町・音威子府村・中川町），枝幸郡（枝幸町・浜頓別町・中頓別町），紋別市，紋別郡（滝上町・興部町・雄武町・西興部村），留萌市，留萌郡小平町，増毛郡増毛町，苫前郡（羽幌町・苫前町・初山別村），稚内市，宗谷郡猿払村，天塩郡（遠別町・天塩町・豊富町・幌延町），利尻郡（利尻町・利尻富士町），礼文郡礼文町
釧路地方法務局	釧路市，釧路郡釧路町，白糠郡白糠町，阿寒郡鶴居村，川上郡（弟子屈町・標茶町），厚岸郡（厚岸町・浜中町）
釧路地方法務局　帯広支局	帯広市，河東郡（音更町・上士幌町・士幌町・鹿追町），上川郡（清水町・新得町・中川郡幕別町・豊頃町・池田町・本別町），河西郡（芽室町・中札内村・更別村，十勝郡浦幌町），広尾郡（大樹町・広尾町），足寄郡（陸別町・足寄町）

釧路地方法務局	北見支局	北見市，網走市，網走郡（美幌町・津別町・大空町），常呂郡（訓子府町・置戸町・佐呂間町），紋別郡（遠軽町・湧別町），斜里郡（斜里町・清里町・小清水町）
釧路地方法務局	根室支局	根室市
釧路地方法務局	中標津出張所	標津郡中標津・標津町，目梨郡羅臼町，野付郡別海町
仙台法務局		宮城県（全域）
福島地方法務局		福島県（全域）
山形地方法務局		山形県（全域）
盛岡地方法務局		岩手県（全域）
秋田地方法務局		秋田県（全域）
青森地方法務局		青森県（全域）

巻末資料／登記管轄（関東甲信越）

登記所	商業登記管轄
東京法務局	千代田区，中央区，文京区，大島町，利島村，新島村，神津島村，三宅村，御蔵島村，八丈町，青ヶ島村，小笠原村，その他八丈支庁の管轄区域
東京法務局　板橋出張所	板橋区
東京法務局　江戸川出張所	江戸川区
東京法務局　北出張所	北区，荒川区
東京法務局　品川出張所	品川区
東京法務局　渋谷出張所	渋谷区，目黒区
東京法務局　城南出張所	大田区
東京法務局　城北出張所	葛飾区，足立区
東京法務局　杉並出張所	杉並区
東京法務局　新宿出張所	新宿区
東京法務局　墨田出張所	墨田区，江東区
東京法務局　世田谷出張所	世田谷区
東京法務局　台東出張所	台東区
東京法務局　豊島出張所	豊島区
東京法務局　中野出張所	中野区
東京法務局　練馬出張所	練馬区
東京法務局　港出張所	港区
東京法務局　立川出張所	立川市，昭島市，武蔵村山市，東大和市，国分寺市，国立市，日野市
東京法務局　田無出張所	西東京市，小平市，東村山市，清瀬市，東久留米市
東京法務局　西多摩支局	福生市，青梅市，羽村市，あきる野市，西多摩郡
東京法務局　八王子支局	八王子市
東京法務局　府中支局	府中市，調布市，小金井市，狛江市，武蔵野市，三鷹市，多摩市，稲城市
東京法務局　町田出張所	町田市
横浜地方法務局	横浜市（全域），川崎市（全域）
横浜地方法務局　湘南支局	神奈川県（横浜市・川崎市を除く全域）
さいたま地方法務局	埼玉県（全域）
千葉地方法務局	千葉県（全域）
水戸地方法務局	茨城県（全域）
宇都宮地方法務局	栃木県（全域）
前橋地方法務局	群馬県（全域）
静岡地方法務局	静岡市，藤枝市，島田市，牧之原市，焼津市，榛原郡（吉田町・川根本町）
静岡地方法務局　沼津支局	沼津市，裾野市，御殿場市，三島市，伊豆市，伊豆の国市，富士市，富士宮市，下田市，熱海市，伊東市，駿東郡（小山町・清水町・長泉町），田方郡函南町，賀茂郡

（南伊豆町・河津町・東伊豆町・松崎町・西伊豆町）

静岡地方法務局　浜松支局	浜松市，湖西市，掛川市，菊川市，御前崎市，袋井市，磐田市，周智郡森町
甲府地方法務局	山梨県（全域）
長野地方法務局	長野県（全域）
新潟地方法務局	新潟県（全域）

巻末資料／登記管轄（中部／近畿／中国／九州・沖縄）

登記所	商業登記管轄
名古屋法務局	名古屋市（全域），西春日井郡豊山町，清須市，北名古屋市，日進市，長久手市，愛知郡東郷町，豊明市，春日井市，瀬戸市，犬山市，小牧市，尾張旭市，丹羽郡，一宮市，江南市，稲沢市，岩倉市，津島市，愛西市，弥富市，あま市，海部郡，半田市，常滑市，東海市，大府市，知多市，知多郡
名古屋法務局　岡崎支局	岡崎市，額田郡幸田町，豊橋市，田原市，豊川市，蒲郡市，刈谷市，碧南市，安城市，知立市，高浜市，豊田市，みよし市，西尾市，新城市，北設楽郡（設楽町・東栄町・豊根村）
津地方法務局	三重県（全域）
岐阜地方法務局	岐阜県（全域）
福井地方法務局	福井県（全域）
金沢地方法務局	石川県（全域）
富山地方法務局	富山県（全域）
大阪法務局	大阪市（全域），枚方市，寝屋川市，交野市，守口市，門真市
大阪法務局　北大阪支局	吹田市，高槻市，茨木市，摂津市，三島郡島本町，池田市，豊中市，箕面市，豊能郡（豊能町・能勢町）
大阪法務局　東大阪支局	東大阪市，大東市，四條畷市，八尾市，柏原市
大阪法務局　堺支局	堺市，松原市，高石市，大阪狭山市，富田林市，河内長野市，羽曳野市，藤井寺市，南河内郡（太子町・河南町・千早赤阪村），岸和田市，泉大津市，貝塚市，泉佐野市，和泉市，泉南市，阪南市，泉北郡忠岡町，泉南郡（熊取町・田尻町・岬町）
京都地方法務局	京都府（全域）
神戸地方法務局	兵庫県（全域）
奈良地方法務局	奈良県（全域）
大津地方法務局	滋賀県（全域）
和歌山地方法務局	和歌山県（全域）
鳥取地方法務局	鳥取県（全域）
松江地方法務局	島根県（全域）
山口地方法務局	山口県（全域）
広島法務局	広島県（全域）
岡山地方法務局	岡山県（全域）
高松法務局	香川県（全域）
徳島地方法務局	徳島県（全域）
高知地方法務局	高知県（全域）
松山地方法務局	愛媛県（全域）

福岡法務局	福岡市（全域），大牟田市，久留米市，飯塚市，柳川市，八女市，筑後市，大川市，小郡市，筑紫野市，春日市，大野城市，宗像市，太宰府市，古賀市，福津市，うきは市，嘉麻市，朝倉市，みやま市，糸島市，那珂川市，糟屋郡（宇美町・篠栗町・志免町・須恵町・新宮町・久山町・粕屋町），嘉穂郡桂川町，朝倉郡（筑前町・東峰村），三井郡大刀洗町，三潴郡大木町，八女郡広川町
福岡法務局 北九州支局	北九州市，直方市，田川市，行橋市，豊前市，中間市，宮若市，遠賀郡芦屋町，水巻町，岡垣町，遠賀町，鞍手郡鞍手町，小竹町，田川郡川崎町，香春町，福智町，糸田町，添田町，赤村，大任町，京都郡苅田町，みやこ町，築上郡築上町，吉富町，上毛町
佐賀地方法務局	佐賀県（全域）
長崎地方法務局	長崎県（全域）
大分地方法務局	大分県（全域）
熊本地方法務局	熊本県（全域）
鹿児島地方法務局	鹿児島県（全域）
宮崎地方法務局	宮崎県（全域）
那覇地方法務局	沖縄県（全域）

著者紹介

吉田直矢

1985 年兵庫県明石市生まれ
慶應義塾大学法学部法律学科卒
司法書士

司法書士事務所 YOSHIDA OFFICE
Web：https://yoff.jp
Mail：yosh@yoff.jp
X（旧 Twitter）：@yoff_jp

商業登記のデジタル完結／完全オンライン申請の実践
―商業登記電子証明書，マイナンバーカード及び クラウド型電子署名の導入，署名と検証の実務―

2023年12月12日　初版発行

著　者　吉　田　直　矢

発行者　和　田　　裕

発行所　日本加除出版株式会社

本　　社　〒171-8516
東京都豊島区南長崎3丁目16番6号

組版・印刷　㈱亨有堂印刷所　　製本　牧製本印刷㈱

定価はカバー等に表示してあります。
落丁本・乱丁本は当社にてお取替えいたします。
お問合せの他、ご意見・感想等がございましたら、下記まで
お知らせください。

〒171-8516
東京都豊島区南長崎3丁目16番6号
日本加除出版株式会社　営業企画課
電話　　03-3953-5642
FAX　　03-3953-2061
e-mail　toiawase@kajo.co.jp
URL　　www.kajo.co.jp

© Naoya Yoshida 2023
Printed in Japan
ISBN978-4-8178-4924-3